단기완성
타로카드

양성모·전연수

박영사

인간은 불확실한 미래에 대하여 끊임없는 궁금증과 불안 심리로 여러 가지 방법들을 통하여 내일을 알고자 한다. 미래를 예측하는 방향으로는 크게 사회 경제학적인 빅데이터에 의한 통계예측적 방향과 노스트라다무스와 같은 예언가들의 직관예측적 방향, 그리고 명리학자들의 논리예측적 방향을 들을 수 있다. 이 중에 우리들이 다각도로 익혀서 활용하고자 하는 명리학적인 방향의 예측 방법론은 사주명리학과 같이 연역적·귀납적 논리에 의하여 길흉을 파악하는 방법과 풍수 및 상학과 같이 사물을 보고 관찰을 하여 길흉을 파악하는 방법, 신점과 같이 직관적 에너지를 가지고 길흉을 예단하는 방법, 주역과 같이 점복 (占卜)에 의하여 길흉을 알아내는 방법 등을 들을 수 있다.

동양에는 전통적으로 5가지의 술수학이 있었으니 바로 命·卜·醫·相·山법이다. 命은 사주학, 자미두수, 성평해회 등의 방법으로 인간의 타고난 운명을 알고자 하는 것이며, 卜은 단역, 육임, 태을신수, 기문둔갑과 같은 방법으로 국가 대소사 및 개인의 미래를 점치고자 하는 것이다. 醫는 침, 뜸, 약의 방법으로 건강을 지키고 치유하고자 하는 것이며, 相은 풍수, 관상, 수상, 체상, 이름 등과 같이 사물을 관찰하여 길흉을 파악하고 그에 따라 행동지표로 삼고자 하는 것이고, 그리고 山은 육체와 정신의 수련으로 완성된 인간이 되고자 하는 것이다.

이렇게 다양하고 많은 미래예측적 방법 중에서 이 시대에 가장 인기가 있고 각광을 받는 것 중의 하나가 바로 타로점이다. 타로는 점복과 관찰, 논리와 직관의 요소들이 복합적으로 구성된 불확정성의 원리를 이용한 미래 예측방법이다. 타로는 78장의 카드를 사용하는 서양의 점술로 일반적으로 인지하고 이해할 수 있는 상징물인 그림을 통하여 현재 자신이 처한 상황을 파악하고 미래를 계획할 수 있도록 해준다. 타로는 동양의 주역에서 괘를 뽑아 그 괘상을 통하여 자신의 내면 깊숙한 곳을 살펴보고 되돌아보는 것처럼, 카드를 뽑아 그 속의 상징물을 통하여 자신 속에 잠재된 심리와 정서, 무의식과 능력 등을 탐색해보는 것이다. 자신들의 불확실한 미래에 대하여 진지한 마음으로 질문을 하면 타로카드는 키워드와 상징물의 언어를 통하여 언제나 구하고자 하는 답을 정확하게 제시해 준다.

　타로의 상징과 의미를 제대로 알고 이해하기 위해서는 기본적인 타로의 이론을 정확하고 폭넓게 습득함이 매우 중요하다. 그러므로 본 타로입문해설서에는 타로 입문 초학자들을 위하여 타로카드의 뜻과 정의, 기원과 역사, 타로의 구성에 대하여 안내하였으며 메이저카드 22장 및 마이너 카드 56장에 대한 키워드와 의미에 대하여 쉽고 자세하고 설명하여 놓았다. 그리고 타로를 좀 더 깊이 있고 다양하게 이해하고 활용 할 수 있도록 하기 위하여 수리학과 색채학을 간략하게 덧붙여 설명하였으며 기본적인 배열법을 설명하여 본 타로입문해설서만 가지면 누구나 손쉽고 간략하게 타로점술을 익힐 수 있도록 안내하였다. 그리고 보충설명을 통하여 타로의 활용 범위를 넓힐 수 있도록 하였다. 아무쪼록 독자 여러분 모두가 본 서를 통하여 누구나 모두 손쉽게 타로를 익혀 자신의 미래와 운명을 예측하고 더 나아가 사회적으로 활용할 수 있는 전문가가 되기를 바란다.

저자 **양성모 · 전연수**

01 타로카드란?

02 메이저 카드 해설

03 수(數)에 대한 이해 ───────────────

04 색(色)에 대한 이해 ───────────────

TAROT CARD

01
타로카드란?

01
타로카드란?
TAROT CARD

I. 타로카드를 배우기 위한 기본자세

1) 배우고자 하는 열정

무엇인가를 배우려면 그것을 하고 싶다는 열정이 있어야 한다. 타로카드도 무엇보다도 배우고 싶다는 마음과 열정이 중요하다. 그 열정의 크기에 따라 전문가가 될 수도 있고 아마추어에 그칠 수도 있다.

2) 기본지식의 습득

타로카드를 배우고 싶다는 마음이 결정되면 타로카드에 대한 기본지식을 배워야 한다. 타로를 배우려면 타로카드세트와 총 장수, 셔플링, 스프레드 등 타로카드를 배우는데도 필요한 기본지식을 알아야 한다. 우선 타로카드의 역사와 원리, 타로카드의 기본지식을 하나씩 숙지하여야 한다. 그리고 모든 타로카드의 상징과 키워드를 숙지해야 한다.

3) 질문법, 배열법, 해석법 등의 숙지

타로카드의 기본지식에 대하여 알았으면 타로카드의 질문법, 배열법과 해석법 등을 익혀야한다.

4) 실습을 통한 경험과 실력의 배양

무엇이든지 처음에는 어렵고 애를 먹는다. 타로카드도 처음 시작할 때는 쉽게 느껴지지만 오히려 갈수록 통변이 되지 않는다. 무수히 반복하고 실습과 임상을 거쳐야만 능숙해진다.

5) 애정과 열정

무엇을 하더라도 즐거워야 지겹지 않고 재미있듯이 타로카드를 하는 것을 행복하고 즐거워해야 한다.

2. 타로카드 기본 용어

1) 타로마스터(Tarot Master), 타로리더(Tarot Reader), 타로텔러(Tarot Teller)는 타로상담을 하는 자로 카드를 배열하고 키워드와 상징과 직관을 통해 카드를 해석하여 주는 사람이다.

2) 시커(Seeker)는 내담자로 질문을 하고 답을 묻는 사람을 말한다. 타로마스터가 안내하는 대로 타로카드를 뽑는다. 일반적으로 쿼런트(Qureant) 즉 질문자를 말한다.

3) 타로덱(Tarot Deck)은 여러 종류의 타로카드세트를 말한다. 타로덱의 종류는 700여 종이 넘지만, 미국의 유니버셜 웨이트 덱과 프랑스의 지방 명칭을 딴 마르세이유 덱이 가장 대중화되어 있다. 그림이 익숙하고 카드의 의미를 해석하기가 쉽고 간편하여 대부분의 타로상담이 이 덱을 이용하여 진행되고 있다.

4) 유저(User)는 사용자란 뜻으로 타로카드의 이름 뒤에 붙여 사용한다. 예를 들어 유니버셜 웨이트 타로카드를 사용하는 사람은 유니버셜 웨이트 덱

유저라고 한다.

5) 클리닝(Cleaning)이란 타로상담을 하기 전에 마스터와 시커가 함께 마음을 모아 차분하게 준비하는 것으로 정신과 마음을 정화시키는 과정이다.

6) 셔플링(Shuffling)은 타로카드를 배열하기 전에 여러 가지 방법으로 타로카드를 섞는 과정을 말한다.

7) 커팅(Cutting)은 탭(tap)이라고도 하며 셔플링한 카드를 내담자를 시켜 여러 묶음으로 나누는 것을 말한다.

8) 스프레드(Spread)란 펼쳐 놓는다는 뜻으로 타로카드를 셔플링한 뒤 펼쳐놓는 과정으로 레이아웃(Layout)이라고도 한다.

9) 스프레드 천(Spread Cloth)이란 타로카드를 셔플링한 후에 펼쳐 놓는 천으로 항상 깨끗하게 관리해야한다.

10) 리딩(Reading)이란 타로카드 속에 있는 키워드나 의미와 상징 등을 읽어내는 것을 말한다. 이때 중요한 것은 직관과 영성(靈星)을 이용하는 것이다. 이 직관력과 영성력은 집중과 몰입으로 무한히 확장 시킬 수 있다.

11) 아르카나(arcana)란 숨겨진 지식과 미스터리라는 뜻으로 메이저 아르카나와 마이너 아르카나로 나눈다. 메이저 아르카나(Major arcana)는 0~21까지의 카드로 중요한 의미와 뜻을 지닌 22장의 카드를 말한다. 마이너 아르카나(Minor arcana)는 물, 불, 바람, 흙 등 4개의 원소로 40장의 넘버카드와, 16장의 코트카드로 총 56장이다. 메이저 카드보다는 그 의미와 뜻이 강하지는 않으나 구체적인 의미를 나타낸다.

12) 타로의 수트(Suit)는 Cup(컵, 물), Wand(지팡이, 불), Sword(검, 바람)와 Pentacle(별, 흙)의 4가지 원소로 이루어져 있으며, 56장의 마이너 카드를 구성한다.

13) Court Card(궁정카드)는 56장의 마이너카드 중에서 왕, 여왕, 기사, 시종

으로 이루어진 16장의 카드를 말한다.

14) 오컬트란 각종 신비주의를 말하고 연금술이나 마법 점성술 혹은 점과 같이 숨겨진 지혜나 힘을 늘리기 위한 주문 등 마법을 사용하는 기술을 말한다.

15) 켈틱 크로스 스프레드(Celtic Cross Spread)는 10장의 카드로 보는 가장 오래되고 유명한 배열법 중의 하나이다.

16) 덱 프로텍터는 얇고 투명한 셀로판지 같은 것으로 카드 사이에 끼워 넣는 것을 말한다.

17) 역카드(Reverse)는 타로카드의 의미를 확장 하고자 만들어진 방법으로 거꾸로 된 타로의 의미를 말하는데 사용하지 않는 덱도 있다.

18) 카발라(Kabbalah)는 전통이라는 뜻으로 번역되는데 특히 유대교의 신비주의 전통 학문을 의미한다.

3. 타로카드의 종류

타로카드란 점을 치는 도구, 심리치료의 도구, 자아실현의 도구로 우리가 세상을 살아가는데 올바른 길을 갈수 있도록 방향을 잡아주는 역할을 한다. 타로카드의 종류는 새로운 덱이 계속해서 나오니 수많은 종류가 있다. 주로 많이 사용되는 덱을 나열하면 아래와 같은데 배우거나 활용하는데 상대적으로 어려움이 적다.

1) 라이더 웨이트

제일 많이 사용되는 덱, 많은 상징과 수비학적 의미가 담겨있다.

2) 유니버셜 웨이트

라이더 웨이트의 신세대판으로 빅사이즈 카드 등 가장 널리 사용되며 대중적이다.

3) 마르세이유(프랑스)

활성화되고 사용되는 덱 중 가장 오래된 고전 덱이다.

4) 오쇼젠

기, 에너지, 선(禪)이 필요한 카드. 해석이나 통변이 매우 심오하다.

5) 유니버셜

부산의 한 타로마스터가 사용하여 유명해진 카드이다.

6) 유니버셜 가디스

유니버셜카드에 신화적 요소를 결합하여 만든 덱으로
여성적이며 부드럽고 신비로운 느낌을 준다.

7. 스텔라

색채감이 뛰어나며 인물의 표현이 요정처럼 보인다.

8) 이칭 주역타로

동양의 주역점을 대입한 카드이다.

9) 여러 가지 크기의 타로카드

[출처] http://cafe.daum.net/TAROTcafe/5khe/116

4. 타로카드의 뜻과 정의

타로(프랑스어: Tarot)는 22장의 메이저 카드와 56장의 마이너 카드를 사용하는 서양의 점술로 자신의 내면세계를 성찰할 수 있는 심리상담술이라고 할 수 있다. 타로카드의 기원은 고대 이집트를 비롯해, 메소포타미아, 인도, 유대, 이탈리아 등 여러 가지 기원설이 있으나 타로의 신비스러운 특성만큼이나 정확히 알려진 바가 없다.

타로카드에 대하여 한마디로 정의를 내리자면, 일반적으로 인지하고 이해 할 수 있는 상징물인 그림을 통하여 현재 자신이 처한 상황을 파악하고 미래를 계획할 수 있도록 해주는 영성적 도구라고 할 수 있다. 타로카드는 동양의 주역에서 괘를 뽑아 그 괘상을 통하여 자신의 내면 깊숙한 곳을 살펴보고 되돌아보는 것처럼, 자신 속에 잠재된 심리와 정서, 무의식과 능력 등을 카드 속의 상징물들을 통하여 탐색해보는 것이다.

불확실한 미래에 대한 궁금증을 진지한 마음으로 질문을 하면 타로카드는 키워드와 상징의 언어를 통하여 구하고자 하는 답을 정확하게 제시해준다. 그러기에 타로카드의 상징과 의미를 제대로 알고 이해하기 위해서 우리의 영성은 항상 맑고 깨끗하게 각성되어 있어야 한다. 타로카드는 이해하기 난해한 하나의 상징물에 지나지 않아 보이지만 우리의 영성이 맑고 투명하게 깨어있다면 무한한 잠재의식이 깨어나 알고자 하는 해답의 열쇠를 준다.

각각의 타로카드에는 각기 다른 의미의 그림들이 그려져있다. 22장의 메이저 카드에는 각각의 개별적 의미의 그림이 그려져있는 반면에 56장의 마이너 카드는 물, 불, 바람, 흙의 4가지 구성원소로 되어있는데, 이것은 트럼프 카드의 원형이기도 하다.

정리하자면 타로는 카드를 이용하여 점을 치는 상담법으로 카드를 통하여 상담자나 질문자의 마음을 읽을 수 있고 앞으로의 상황에 대해서 예측과 조언을 해줄 수 있다. 그러므로 타로카드는 단순한 놀이문화가 아니라 심리치료와 정신적 문제를 해결하는 매우 귀중한 도구이자 방법이 될 수 있다. 하지만 주의할 것은 너무 지나치게 허황된 질문이나 도박이나 복권처럼 자신의 욕심을 충족시키기 위한 질문으로 타로카드를 이용해서는 안된다.

5. 타로카드의 기원과 역사

타로카드의 기원과 역사에 대해서는 현재까지 정확히 알려진 바가 없다. 그 이유는 타로카드가 유행한 14세기 서구유럽에 점술의 학술적 체계와 근거를 마련할만한 학문적 분위기가 제대로 형성되지 않았기 때문이다. 타로의 유래는 유대 기원설, 중국 기원설, 티베트 기원설, 이집트 기원설, 인도 기원설 등 다양한 학설이 있으나, 현재 가장 주목받고 있는 주장은 중국 기원설과 인도 기원설 두 가지이다.

타로카드의 기원은 일반 카드와 그 맥락을 함께하고 있다. 중국에서 점을 칠 때 사용되던 서죽(대나무 막대기)이 종이의 발명과 함께 유럽으로 전파되어 이것이 상징체계 형태로 변하여 AD 2세기~BC 2세기 사이에 초기 타로카드의 형태가 만들어진 것으로 추측된다. 즉 실크로드를 통하여 중국에서 서양으로 점술문화가 전해졌다는 설인데 현재 가장 유력하게 통용되고 있는 학설이다.

인도 기원설은 카드가 서양의 체스나 장기와 유사한 점이 많으므로 장기의 기원을 인도에서 찾는 것처럼 타로카드도 인도에서 발생했다는 주장이다.

이집트 기원설은 18세기에 앙트완 쿠르 드 제블랭(Antoine Court de Gébelin)이 제창한 것인데 서양에서 카드의 옛날 형태인 타록의 스물두 장의 트럼프는 일종의 그림 상형문자로 인간의 내면세계를 비추어주는 고대 이집트 형상물의 변형적 이미지라고 보는 학설이다.

타로카드가 본격적으로 서구유럽에 전파된 것은 대략 11세기~13세기로 추정하고 있는데, 13세기경에는 이미 서구유럽에 타로카드가 보급되어 존재하고 있었으며, 14세기에는 유럽의 상당히 많은 나라에 타로카드가 유행하고 있었다. 유럽에 전파된 경로에 대해서는 사라센인이 문예오락과 함께 전했다는 설, 집시를 통해 전해졌다는 설, 그밖에 11세기 십자군 원정 당시 군인들이 가지고 돌아왔다는 설 등이 있다.

유럽에서 오래된 형태의 타로카드들은 독일의 타록(Tarok), 프랑스의 타로(tarot), 이탈리아의 타로키(tarocchi) 등 이름은 다르지만 비슷한 모습으로 타로카드의 전형적인 형태를 보여주고 있다.

14세기까지는 타로카드가 수작업으로 만들어졌기 때문에 가격이 매우 비쌌으나, 15세기에 목판인쇄술의 발달과 함께 대량생산이 가능해져 타로카드 가격이 매우 저렴하여져 일반인들에게까지 널리 보급되게 되었다.

19세기 말에 영국에서 타로카드의 네 귀퉁이를 둥글게 다듬고 하나하나의 타로카드에 인덱스[1]를 붙였으며, 위 아래로 그림을 대칭으로 넣어, 한 벌 52장 카드에 조커를 더해서 오늘날 일반적으로 사용되는 카드의 형태가 만들어졌다.

인쇄술의 발달로 현재는 보다 섬세한 이미지를 표현해 주는 특수재질로 카드가 만들어지고 개개인의 개성과 취향에 따라 다양한 종류의 타로카드가 전 세계적으로 널리 개발, 사용되고 있다.

중세 점성술사와 마술사들이 각각의 카드에 점성술적인 의미를 부여하여 점술의 도구로도 다양하게 사용한 것을 보면 타로카드가 의식의 상징을 나타내주는 도구로만 쓰였던 것이 아니고 서구유럽에서 폭넓게 여러 가지 무의식을 투영해주는 도구로 함께 쓰였다는 것을 알 수 있다.

1770년경에 유명한 타로마스터 쟝 밥티스트 알리에트(Jean-Baptiste Alliette)가 있었는데 에띨라(Etteilla)[2]라는 이름으로 더 알려져 있던 그가 처음으로 독창적인

---

1 유사용량의 배열 중에 특정치를 식별하기 위해 사용하는 기호나 숫자. 예를 들어 X1, X2, …, X100으로 표현된 배열의 항.

2 알리에트(Alliette) 라는 프랑스 사람은 에띨라(Etteilla 그의 이름을 뒤에서부터 적으면 이렇게 된다.)라는 필명으로 de Gebelin의 사상을 뒤쫓아 타로에 이집트 신화에 관한 그의 특이한 견해를 적용시켜 재해석을 시도했다. 에띨라의 중요한 영향 중 하나는 78장의 카드가 지니는 의미를 좀 더 넓게 해석하기 위하여 카드가 뒤집혀서 나올 때는 그 의미가 반대로 되거나 에너지가 약해진다는 이론을 주장하였는데 이러한 역 카드의 개념은 오늘날에도 많이 받아들여지고 있다. 하지만 역 카드는 의미해석의 확장을 위하여 만들어진 이론으로 이에 대한 정확한 이론적 근거가 빈약하기 때문에 크로울리 같은 경우는 타로의 이미지를 통한 느낌이 역 카드 이론으로 왜곡되는 것을 원하지 않아 아예 처

타로카드를 만들고 해설서도 함께 저술하여 출판하였다. 이러한 출판물들이 집시들을 통하여 유럽 각지의 나라로 급속도로 널리 퍼져나갔다. 19세기 들어와 타로카드에 대한 새로운 의미와 이론들이 쏟아져 나왔는데 이러한 새로운 이론들은 타로카드의 의미를 푸는 열쇠로써 타로마니아들에게 78장 타로카드의 상징적 키워드를 새롭게 정립해 주었다. 그러나 그 당시에는 이러한 새로운 상징과 의미들을 뒷받침 해줄 학술적 근거가 마련되지 않아 일부 타로마니아들을 제외하고는 사회적 관심을 이끌어내지는 못하였다.

시간이 점차 흐르며 타로카드는 생활의 모든 면에서 신비로운 현상을 이해하게 해주는 것은 물론이고 중요한 상징적 내용을 보여주는 도구로 인식이 되어 서구유럽 곳곳에서 무의식의 투영도구로 사용되게 되었다. 또한 타로카드는 보수적이면서도 엄격한 종교분야에까지 파고 들어가게 되었으며 그 상징적 의미의 한계를 초월하여 각 문화권을 넘어 전파되었다.

20세기에 들어와 아더 에드워드 웨이트(Arthur Edward Waite)라는 타로마스터가 타로카드의 르네상스를 여는데 큰 역할을 하였다. 그는 화가 파멜라 콜먼 스미스(Pamela Coleman Smith)와 공동으로 타로카드를 새롭게 디자인하여 세계적인 타로카드 표준판으로 여겨지는 웨이트(Waite)덱을 만들었는데 지금까지 그 전통성을 인정받고 있다. 웨이트 덱은 그림에 대한 상징성이 매우 뛰어나 전 세계적으로 통용되고 있는 700여 종류의 타로덱 중에 가장 많은 타로마니아층을 형성하고 타로카드를 일반인들에게 대중화 시키는데 커다란 역할을 하였다.

오늘날의 타로카드 디자인들은 국가, 종교, 문화, 철학, 성별, 나이 등의 면에서 각기 그 사회의 문화적 다양성을 반영하고 있다. 그래서 현재는 각 개인의 취향과 특징에 맞게 타로카드를 선택할 수 있다.

타로카드는 아주 오래전부터 시작되기 때문에 그 역사를 알기가 매우 어렵다. 타로카드의 역사는 참으로 깊은데 굳이 그 근원을 찾으라면 예수의 죽음 이후에 집시들이 등장하여 유럽을 휩쓸고 다닐 때부터 시작되었다고 해도 과언이

음부터 역 카드를 사용하지 말 것을 해설서에 적어두기도 했다.

아니다. 그러므로 지금부터 최소한 약 2천년은 되는 셈이다. 하지만 그 이전부터 타로는 이집트의 상형문자와도 관련이 있다. 이집트 출신의 집시들이 이집트 신전의 비밀의 방에 있는 두 줄로 늘어선 22개의 그림을 보고 카드를 만들었다는 이야기가 있다. 이러한 연유로 타로카드는 22장이 되었다는 것이다. 이 말에 대한 나름의 근거는 일찍이 유럽을 유랑하는 집시들이 줄곧 이집트에서 왔다는 것을 밝혔고 그들이 유럽에서 오랫동안 점술과 타로 그리고 손금을 보며 생활을 해 왔다는 것에서 찾을 수 있다.

타로카드가 카발라[3]의 전통과 유대의 전통 그리고 이슬람 수피족의 전통을 포함하는 것은 나름대로의 이유가 있다. 종교와 문화의 집산지인 유대에서 막달라 마리아의 가족이 예수그리스도 사후 박해를 피해 바다에서 표류하다 밀려온 곳이 바로 프랑스 남부 마르세유였다. 그들도 역시 타지에서 온 집시나 다름이 없었다.

고대와 중세 타로카드의 더 엄밀한 의미는 삶과 죽음을 상징하는 운명의 카드이며 지혜의 카드였다는 것이다. 당시에는 타로카드를 이용해서 전쟁의 승패를 논하며 점을 치고 모든 중대사를 결정했다. 이런 중요한 문제들을 논하였기 때문에 결국 인간의 운명도 논하게 되었다. 물론 타로카드는 유희나 오락의 기능도 했지만 유럽의 점성술사의 손에 들어가면서 인간의 운명을 논하는 중요한 점술 도구가 되었다. 타로카드는 인도에도 있었고 이슬람에도 있었다. 심지어는 유대의 카발라에서도 존재했었다.

가장 오래된 기록이 남아있는 타로는 1392년에 화가이자 점술가인 자크 고눌이라는 사람이 프랑스의 왕 샤를 6세에게 봉헌한 3세트의 대 아르카나 타로카드가 있다. 이외에도 1415년의 이탈리아의 유력군주 비스콘티 스포르차의 카드도 현재 남아있다. 비록 이탈리아의 작은 지역을 다스리는 군주였지만 상징적인 의미에서 북부 이탈리아의 왕이나 다름없었던 비스콘티 스포르차의 타로카드는 타로카드가 지배계급의 오락기구이면서도 국가 흥망을 논하는 점술도구였

---

3 카발라는 유대교 신비주의를 말한다. 히브리어 '키벨'에서 온 말로 전래된 지혜와 믿음을 가리키는데 세계의 도처에서 볼 수 있는 신비주의 전통과 일맥상통한다.

다는 것을 말해준다. 타로는 왕들의 놀이기구였으며 병사들의 놀이기구이면서 점성술사의 점술도구였던 것이다.

유럽의 점성술사나 무당들은 대부분 주술법과 아울러 타로카드로 점을 보아 왔다. 그러나 1000년이 훨씬 넘는 기독교의 탄압정치와 여기에 동조하는 유럽 왕정의 가혹한 박해 속에 유럽의 무속과 점성술이 쇠퇴해지자 타로카드는 점차 점술의 도구에서 일상생활의 오락기구로 전락하였다.

정성껏 그림으로 그린 타로카드는 유럽에서 인기가 있었다. 항해를 떠나는 항해사들도 타로카드로 항해의 운세를 점치고는 했다. 바다를 앞에 둔 나약한 인간들이 자신의 운명을 점을 치기도 하고 때로는 놀이기구로 이용했던 것이다.

예언가 위르라쉬 마이엔스와 그의 제자 노스트라다무스의 고향인 프랑스 마르세유에서도 타로카드는 인기가 높았다. 타로카드에 대한 인기는 18세기 중엽 프랑스에서 쿠르 데 제블랭이라는 수학자가 타로카드의 기원을 밝히면서 그 절정에 다달았다. 자연과학자이며 언어학자 그리고 신화학자이자 고대사 연구가이기도 한 쿠르 데 제블랭은 타로(Tarot)가 고대 이집트의 종교와 철학을 배경으로 한 것이라고 규정을 했다. 즉 "타르(Tar)"는 길이란 뜻이고 "로(Ro)"는 왕 혹은 황제를 뜻하여 결국 타로는 왕도 내지는 황도를 의미하는 것이라고 했다. 그는 자신의 저서 "태고의 세계" 제8권에서 이를 설명했다. 제8권의 제목은 바로 "타로게임"이었다. 제블랭의 저서는 후세에 많은 영향을 끼쳤다.

1760년대부터 유행한 마르세유(프랑스 남부의 항구도시) 카드는 일반인들을 위한 오락기구로서의 등장을 예고하는 것이었다. 그림이 단순화되고 내용의 표시도 단순화되었다.

제블랭의 이집트 기원설은 파리의 유명한 점술가로 독창적인 타로카드를 만들어 낸 에띨라와 비밀결사 조직인 '장미십자회'의 주최자인 오스월드에게 계승이 되었다. 또한 제블랭의 주장은 고대 이집트색이 농후한 이집트 타로카드를 발행한 마술사 알레스타 크롤리로 계승이 되었다. 그는 '토트 타로카드'를 만든 유명한 인물이다.

19세기 중반 경에는 프랑스에 오컬트 학자인 엘리파스 레비가 등장하기도 했다. 오컬트, 즉 신비주의자인 레비는 이집트설에 영향을 받으면서 히브리에서 타로카드의 기원을 찾았다. 그는 타로카드의 메이저 아르카나 22장을 히브리어의 22 문자로 구성된 알파벳에 대응시키고 더 나아가 타로와 카발라의 상호 관계를 밝혀냈다.

6. 타로카드의 구성

타로카드는 그 기원이 확실하지 않듯이 정해진 규정도 현재까지 뚜렷하지 않다. 제작하는 사람의 생각과 뜻에 따라 구성과 의미가 조금씩 다르지만, 상징성에 바탕을 두고 전통과 약속이 있는데, 정통 타로카드는 웨이트 계열 카드라고 할 수 있다. 대부분의 카드가 이 웨이트 계열의 구성형식을 따르고 있는데 다른 유형의 타로카드라 하더라도 정통적인 카드와 비교하여 크게 다르지 않다.

타로카드는 기본적으로 메이저(major) 카드 22장과 마이너(minor) 카드 56장, 합계 78장으로 이루어져 있다.

한 벌의 카드는 메이저 아르카나[4]와 마이너 아르카나로 분류하는데 메이저 아르카나에는 22장의 카드가 있으며 일반적으로는 이를 트럼프라고 한다. 이 카드는 0에서 21번까지이다. 바보, 악마, 지팡이, 탑, 마술사, 여왕, 황제, 연인, 운명의 수레바퀴 등 메이저 카드들은 동양의 주역과 같이 인간의 갖가지 욕망과 활동을 표현하는 상징적 이미지를 가지고 있다.

메이저 카드에 등장하는 카드의 명칭들이나 신분체계는 유럽의 중세나 르네상스 시대의 종교와 문화에서 유래된 것들이 대부분인데 그중에서도 이탈리아의 북부에서 유래된 상징물들이 상당수 있다.

---

4 아르카나란 라틴어로 arcanum=아르카눔의 복수형으로 책상서랍, 숨겨진 것, 비밀, 신비 등의 의미이다.

7. 타로카드 점을 보기 위한 마음의 자세

1) 타로카드를 놀이나 게임의 기분으로 한다는 것은 합당치 않다. 타로카드 한 장 한 장에는 신성한 상징과 영성이 담겨있다. 이 영성적 계시를 제대로 이해하기 위해서는 신중한 마음가짐이 필요하다. 타로 리딩 전 눈을 감고 타로를 통한 천기(天氣)와 자신과의 교감이 잘 되도록 집중할 필요가 있다. 또한, 타로를 잘하기 위해서는 정신을 집중시킬 수 있는 분위기가 필요하다. 방바닥에다 카드를 펼치거나 침대, 소파 등에 누우면 안된다. 정돈된 테이블이나 책상 위가 가장 적합하고 그 위에 스프레드 천을 깔고 집중하여야 한다. 주위의 잡음이나 분위기 등이 신경 쓰이지 않기 위해 TV나 라디오 등은 끄고 조용한 장소와 시간을 선택하면 좋다.

2) 타로에서 의외로 어려운 것이 질문의 방향을 정하는 것이다. 먼저 내담자의 궁금한 일이나 불안한 일들을 될 수 있는 한 정리해두어야 한다. 질문은 될 수 있는 한 자세하게 세분하여 지금 가장 알고 싶은 것이 무엇인가를 질문하여 한 가지로 주제를 압축하여야 한다. 예를 들면, 결혼 운이 어떨까라는 막연한 질문보다는 지금 사귀고 있는 사람과의 연애는 앞으로 어떻게 될까라는 식으로 확실하게 초점을 맞추어야 그 답이 막연하지 않고 정확하게 나온다. 타로에서는 막연한 질문에 대해서는 뚜렷한 답을 얻기 힘들며 개개인의 선천적인 운명이나 장기간에 대한 제반문제 등은 타로에 걸맞지 않다. 이러한 문제는 사주명리학 등의 다른 방법을 활용하는 게 훨씬 유리하다. 타로의 장점은 현재 진행 중인 사건의 성패나 가까운 미래에 일어날 일들의 길흉을 높은 적중률로 나타내준다는 점이다. 이러한 장점을 최대한 살리기 위해서는 질문의 내용을 구체적으로 세분할수록 좋다.

3) 만약 원하지 않는 답이 나오거나, 한 번의 카드 전개로 명확한 답을 얻을 수 없었다고 느껴지더라도 궁금한 내용에 대해서는 딱 한 번만 단점을 해야지 같은 질문에 여러 번 점을 치는 것은 하늘의 계시를 의심하는 것이기 때문에

규칙위반이다. 이런 경우는 마음을 가라앉히고 미처 분별하지 못한 중요한 내용이 암시되어 있을지도 모르므로 카드를 잘 살펴보아야 한다. 타로카드를 믿고, 나온 카드 중에서 진실한 답을 알아낼 수 있도록 하여야한다. 만약 그래도 다시 한 번 점을 쳐보고 싶은 경우에는 며칠의 시간이 흐른 뒤 상황이 변화하여 다른 관점에서 답을 구할 수 있다고 판단될 때 점을 쳐야 한다.

4) 단점자는 내담자에게 상처를 입히거나 충격을 줄 수 있는 말은 되도록 삼가해야한다. 만약 불길한 카드가 나왔더라도 '이젠 틀렸어'라는 등으로 단적으로 그대로 결정지어 버리면 상담결과가 악영향만 있고 좋은 결과를 바랄 수 없게 된다. 타로카드는 너무나 강한 이미지들이 있기에 나쁜 의미를 가진 카드들이 나오면 무조건 비관적으로 해석을 하기 쉽다. 그러나 잘 보면 반드시 나빠진다는 것이 아니고 조심하는 것이 좋다는 의미일 수도 있다. 타로 점을 볼 때에는 언제나 상대방의 입장이 되어 긍정과 이해로 가장 최상의 방향으로 나아갈 수 있도록 적절한 조언을 해주는 것이 중요하다.

8. 타로카드를 잘 보기 위해 필요한 것

1) 집중력

집중력은 어떠한 점술에서도 필요하지만 특히 타로카드에서는 가장 중요하다. 예를 들어 서양점성술에서는 한 사람의 생년월일에서 그 답을 도출해 내기 때문에 계산이 틀리지 않으면 어느 정도 일정한 답이 나온다. 그러나 타로와 같이 무작위의 잠재의식 속에서 답을 유추해내는 경우에는 점을 보는 사람의 집중력에 의해 결과 값에 커다란 오차가 생길 수 있다. 질문의 방향이 정해지면 자세를 바르게 하고 눈을 지그시 감고 정신을 집중하여야 한다. 셔플을 할 때도 조용히 마음을 가라앉히고 정신을 몰입시켜야 하는데 이때 좋은 카드가 나와 주기를 바라든지, 나쁜 카드가 나오지 않기를 바라는 등의 생각을 해서는 안된다. 타로카드에 운명을 맡기는 마음으로 '정확하고 올바른 답이 나오게 해주세요'라고 생각하는 게 중요하다. 이렇게 하여야 카드가 우연이 아닌 필연적 운명을 나타내주게 된다.

2) 직감력

카드를 볼 때 두 번째 중요한 것은 인스피레이션(Inspiration)이다. 사람은 의식하지 않는 무의식 상태에서 마음속으로 무언가를 느끼게 되어있다. 질문 내용에 집중하여 카드의 키워드를 생각하고 있는 사이에 코마상태가 되는 경우가 많은데 그럴 때 카드의 그림을 가만히 응시하여보자. 타로카드는 점사를 그림으로 나타내 주기 때문에 그것을 모티브로 삼아 상상력을 펼쳐 나가야 한다. 설명서나 키워드에 구애받지 말고 직관에 의한 영감을 얻도록 노력하자.

3) 추리력

타로 점은 여러 장의 카드를 뽑기 때문에 판단에 혼동이 올 때가 있다. 예를 들어, 현재의 상황이나 가까운 미래의 상황도 행운을 나타내고 있는데 최종 카드가 나쁘게 나올 때가 있다. 이때 필요한 것이 바로 추리력과 상상력이다. 왜 최종 결과가 나빠지는지 그 원인을 찾아내어야 한다. 그러면 과거나 주위의 상황에 실패를 유발하는 원인이 발견되고 그 원인의 영향으로 자신이 느끼지 못하는 사이에 상황이 악화되고 주위의 반발을 사게 되는 것이다. 그래서 얼핏 보기엔 좋을 수 있을 것 같지만 마지막에 와서 실패를 하게 될지도 모른다. 이런 식으로 카드들의 의미를 상호 연관시켜가면서 상황을 조합하고 추리해 나가야 한다.

4) 확신과 설득

설득은 상담을 할 때 제일 중요한 사항 중의 하나이다. 내담자가 타로카드를 통하여 무엇을 알고자 할 때는 그 사람이 고민이 있거나 망설이는 일이 있거나 불안할 때이다. 그럴 때 상담자가 '글쎄? 어떨까?' 라는 등의 자신 없는 자세로 애매모호한 태도를 보인다면 상대에게 믿음을 줄 수 없고 상담에 실패하게 된다. 타로 점을 치기 전에 상대의 사정을 잘 듣고 질문의 주제가 정해졌으면 신중한 자세로 점을 치고 확신을 가지고 단점과 조언을 해주어야 한다. 나쁜 카드가 나오면 무엇을 조심해야 하는지 찾아내고 좋은 카드가 나와도 무언가 주의할 점이 없나 신중하게 판단해야 한다.

9. 타로카드를 읽는 방법

1) 질문자를 잘 관찰하라.

질문자의 복장이나 표정은 어떠한가. 무얼 하려 하는가 등 여러 가지를 관찰하라. 경우에 따라서는 직관으로 주인공의 감정이나 느낌을 알 수도 있다.

2) 배경을 보라.

카드의 인물이 어느 곳에 있는지, 그곳은 과연 어떠한 곳인지 등을 참고하라.

3) 그림 속의 상징물들을 보라.

그림 속에 있는 상징물들은 말 그대로 상징을 나타낸다. 그 의미와 뜻에서 우리는 의외로 많은 것을 얻을 수 있다.

4) 시각을 바꾸어라.

절대로 한 가지 시각만을 갖지 않도록 하라. 한 가지 시각만을 갖는다는 것은 메뉴얼을 보면서 타로를 해석하는 것과 큰 차이가 없다. 똑같은 카드라 하더라도 엄청난 다양성을 부여할 수 있는 것이 타로카드이다. 고정관념을 갖지 말고 시각을 바꾸어서 다양한 것을 읽는 것이 좋다. 메뉴얼에는 있지도 않은 뜻을 뽑아내 보기도 하고 상상력을 동원하여 자신만의 메뉴얼을 만들고 다양성을 부여하여 여러 각도에서 보아야 한다.

5) 바른 자세와 좋은 환경이 필요하다.

타로 리딩 시 환경과 마음가 짐, 자세가 중요하다. 마음이 부 정적으로 혹은 긍정적으로 치우 치지 않게 하라. 그러므로 질문 에 집중할 수 있도록 정리된 환경이 필요하다. 만약 너무 시 끄럽거나 너무 어수선한 곳에 서 리딩을 한다면 제대로 된 해석이 안 나온다. 환경은 많은 영향을 준다. 흥분되지 않은 차 분한 마음자세가 중요하다. 모 든 것을 부정적으로 보는 사람 은 태양 카드가 나와도 부정적 인 판단을 할 것이며 낙천적인 사람은 악마카드가 나와도 긍 정적인 판단을 할 것이다.

02
메이저 카드 해설

02
메이저 카드 해설
TAROT CARD

0. 바보

0. 광대, 바보(Fool).

어리석은 자, 유랑객, 애정편력, 자유연애, 자유업, 프리랜서, 여행가, 역마살, 모험가, 방랑벽, 예술가 기질. 예측 불가능함. 단독여행을 말한다.

- 흰 장미: 순수함, 순결, 영혼이 맑다.
- 석류: 풍요
- 옷이 화려함: 경솔함, 사치, 낭비
- 태양: 신의 가호로 다치지 않는다.
- 막대와 짐: 소박함
- 개: 동반자, 격분, 흥분, 어리석다. 능력 없다.

사치스러운 것을 좋아하고 단순하고 무절제하며 낭비벽이 있어 무슨 일을 저지르는 데는 최고인데 결과는 안 좋다. 연애를 해서는 안 된다!
뜻밖의 상황이 발생할 수 있다! 조심하라!

- 변화
- 자유자재
- 바람의 신
- 헤르메스의 화신

02. 메이저 카드 해설 25

시작, 출발, 태양의 축복을 말한다. 붉은 옷은 열정을 나타내며 짐이 작기 때문에 여행의 시작이나 가벼운 여행을 말하는데 눈은 발밑을 보지 못하고 먼 곳을 보고 있기 때문에 발밑의 낭떠러지를 구분 못한다. 좋은 것만 생각하는데 나쁜 일이 있을 때 동반자인 개가 알려준다. 개는 충실한 친구이며 조언자이다. 인생여정의 시작단계로 미숙하고 어리고 경험이 없다. 외적, 내적 추구로 완성단계로 나아가기 위한 출발의 단계이다.

- ▸ 옷깃의 노란색 무늬는 생명의 상징
- ▸ 손의 흰색 꽃은 진리의 상징
- ▸ 봇짐은 여행을 하는 데 필요한 것, 머리의 붉은색 깃털은 열정의 상징
- ▸ 등 뒤의 태양은 먼 여정에 도움 줄 축복을 내리고 있다.
- ▸ 절벽은 미지의 세계이며 가야할 길이다.
- ▸ 개는 어려울 때 위험을 알려주는 동행자, 부하, 친구를 의미
- ▸ 흰 산은 외롭고 고독하게 갈 길을 혼자 가야함을 의미한다. 진리를 찾기 위해 생명나무의 옷을 입고 왼손에는 진리의 꽃을 들고 가벼운 마음으로 미지의 세계로 여행을 하려고 한다.
- ▸ 하늘 높이 쳐다보고 있는 것은 뜻만 높고 이상이 높음을 상징.
- ▸ 장화는 한 단계 더 앞으로 나아가기 위한 밑거름을 말한다.
- ▸ 노란색은 부의 상징이며 붉은색은 미숙함과 열정의 상징이다.
- ▸ 월계관은 한 바퀴 돌아왔다는 의미이다.

- • 이 사람은 어리석기만 한 사람은 아니다.
- • 신선한 시작이나 출발을 상징한다.
- • 어린 아이 같은 단순한 상태로 돌아갈 필요가 있다.
- • 변화에 직면할 때의 위험요소가 불가피하게 포함되어 있다.
- • 예기치 않게 상황이 바뀌어 새로운 길에 들어서게 됨을 말한다.
- • 계속 나아가며 바른 길을 찾을 때라는 것을 말해준다.
- • 그는 추구자이며 여행자이다. 정지해있는 인물이 아니다.
- • 목표는 자아실현이며 그것은 당신이 홀로 떠나야 하는 여행이다.

- 광대카드는 희망과 낙관적인 분위기를 보여 준다.
- 룰(full)카드는 여행을 할 것과 생활방식을 바꿀 것을 말한다.

I. 마법사

I. 마법사(Magician)

기술, 비밀, 의사소통(해결), 창조, 엔지니어, 사업가, 전문직, 특수직, 자유자재로움을 말한다.

이 사람은 유능한 사람으로 융통성 있고 능수능란하며 아부도 잘 하는 사람이다. 출세와 영리목적의 사업가 기질을 가진 영리하고 냉철한 분석가이다.

- 머리의 무한대: 신적인 힘
- 오른손과 왼손: 하늘로부터 받은 힘을 땅에 전달
- 흰색 꽃과 옷: 영적인 순수함을 상징
- 붉은 꽃과 옷: 세속적인 열정
- 허리의 뱀: 유능하고 슬기로움을 상징

서두르지 말고 재능을 마음껏 발휘해보세요. 손재주가 있으며 독자적인 능력이 있는 사람입니다.

– 지팡이(화), 컵(수), 검(풍), 방패(지) 4원소의 꽃이 활짝 피었다.

손을 높이 들고 홀(지팡이)을 든 것은 권위의 상징인데 손을 최대한 높이 뻗고 있으므로 권위가 높으며 정신적 지식이 무한대의 능력이 있음을 말한다. 왼손은 땅을 가리키고 있으므로 하늘의 무한한 지식을 세상에 전파함을 말한다. 탁자 위에는 물, 불, 바람, 흙의 4원소가 놓여있다. 본인이 다룰 수 있는 것들이다. 그래서 마법사는 능력이 있고 잘났으며 실력이 있다. 그러나 때로는 너무나 잘난 척을 하여 실수를 할 수도 있다.

- 오른손의 홀은 권위를 상징
- 머리의 무한대는 지식의 능력을 상징
- 책상 위의 4원소는 다룰 수 있는 것들의 능력을 표시
- 허리의 뱀은 우로보로스로 윤회와 지식의 상징

▹ 붉은색은 지식을 알고 전파하는데 열정과 열의가 있음을 상징

▹ 장미는 물질적 열정을 상징

▹ 백합은 정신적 순수함을 상징

▹ 장미와 백합은 신에게 바치는 물건으로 신성한 것들이다.

▹ 머리 위의 붉은색 넝쿨 장미는 성적인 능력과 정신적, 물질적인 면을 다 갖고 있음을 말한다. 재주, 지식, 지혜, 권위, 성적능력 모든 것을 다 갖추고 있다. 잘난 척하는 사람이다.

- 마법사카드는 막 표면화되려고 하거나 미처 알아차리지 못한 가능성 혹은 기회들이 주위에 있다는 것을 말해준다.

- 마법사카드가 나왔을 때는 자신의 힘을 인식할 필요가 있을지도 모른다. 내가 잘하는 분야는 무엇인가? 나는 나 자신을 어떤 면에서 과소평가하고 있는가 하고 자문해보라.

- 마법사카드는 자질을 향상시킬 필요가 있음을 얘기해준다.

- 마법사카드가 나오면 그것은 발전될 가능성이 있고 관계나 상황을 바꿀 기회가 있음을 나타낸다.

- 긍정적 변화는 태도나 행동 혹은 신념의 내부변화에서 올 수 있다. 아니면 외부 상황의 재정리나 새로운 소식에서 올 수도 있다.

- 마법사는 궁정카드인 시종, 기사, 여왕, 왕 등이 그렇듯이 당신의 인생에 영향을 줄 수 있는 주변 사람을 나타낼 수도 있다.

- 마법사는 영리하고 힘 있고 재빠르고 솜씨 좋고 설득력 있는 사람이다. 때로는 의사나 치료사의 모습으로 나타날 수 있다. 그러므로 건강문제를 다루고 있다면 마법사카드는 좋은 징조다.

- 마법사카드는 도움이 진행되고 있거나 적절한 도움이 멀지 않은 곳에 찾을 수 있다는 것을 말해준다.

- 마법사는 재주 많고 솜씨 좋고 재치 있고 영리하며 창의적이다.

- 마법사는 일, 기교, 솜씨, 건강 면에서 근면하고 분석적이고 꼼꼼하고 철저하다.

2. 여사제

II. 여사제(The High Priestess)

지혜, 학자, 교수, 연구직, 정신적 연애(짝사랑)
잘 파악이 안 되는 사건이나 사람을 의미.
뭔가 비밀이 있고 감추고 있다. 과거가 있는 바람둥이
일 수도 있다.

- 흑(악), 백(선)을 안고 중립적인 위치
- 음양균형, 푸른색 옷은 정화의 상징
- 초승달의 직관력을 발로 지배하여 머리의 보름달로 완성
- 파란색은 냉정, 침착, 이성적 판단, 직관력, 통찰력을 상징

이 카드가 나올 때는 사업을 시도하면 안 좋다. 계획만
하고 시작하지 않는다.
여사제는 자신의 주변세계를 잘 알고 있으며 똑똑하고
육감이 빠른데 속에 숨긴다.
여사제는 정신세계를 추구하며 신비주의와 신비로운 연구.

– 숨겨진 비밀.
– 영적 지혜의 힘.
– 여사제의 아버지는 전능의 신 제우스
– 여사제의 어머니는 지혜의 여신 메티

　　여사제의 푸른색 옷은 음이기 때문에 차분함을 말한다. 흑백의 기둥 사이도
음이며 발 밑의 소뿔모양 달도 음이다. 그러므로 여사제는 조용하고 차분하고
여성스럽다. 그러나 흑백의 기둥은 이중적이므로 그 속을 알 수 없다. 사원의
기둥은 신성한 존재로 희고 검은 기둥은 두 가지 상황의 대비이다. 즉 선과 악,
좋고 나쁨 등 모든 것의 대비이다. 그런데 여사제는 두 기둥 사이에 앉아 있기
때문에 남의 이야기를 듣고 중재를 잘해준다.
　　옛날에는 여교황의 존재를 부인하였다. 여교황의 존재를 시인하는 것은 정통

교리에 어긋나므로 여사제는 악마, 죽음, 이교도의 상징 중의 하나이기도 하다.

- ▶ 조용하고 차분하며 세밀하고 꼼꼼한 스타일
- ▶ 남의 이야기를 잘 경청하고 서로서로 잘 중재 조화한다.
- ▶ 푸른색 옷, 발아래 달, 머리의 왕관이 권위를 상징
- ▶ 석류 휘장 뒤는 지혜의 바다이다.
- ▶ 검은색과 흰색의 두 기둥은 보아스와 야긴을 의미하는데 흑백, 선악, 오른쪽 왼쪽 등 대비를 상징
- ▶ 석류는 다산의 상징이며 여성의 성을 상징
- ▶ 휘장은 성스러운 것이 나를 지켜주며 보호, 보장 받음을 의미
- ▶ 가슴의 십자가는 성스러움으로 검은색과 흰색을 조화롭게 소통시킨다.
- ▶ 토라는 유대교 경전으로 타로는 토라에서 유래되었다.

- • 여사제는 고도로 발달된 직관을 가진 사람이다.
- • 여사제는 상담과 조언을 잘할 수 있는 사람이다.
- • 여사제는 영적 지혜를 통해 예언하고 치유하고 인내할 수 있다.
- • 그녀는 지혜와 힘이 있는 사람이지만 그 능력이 어느 정도인지 가늠할 수가 없다.
- • 때때로 여사제는 삼각관계에서 제3자인 나머지 남자 혹은 여자를 의미하는데 그녀의 힘을 과소평가해서는 안 된다.
- • 나쁜 의미의 경우에 여사제는 자신의 힘을 악용하거나 남을 지배하려는 욕구로 음모를 꾸미고 실행에 옮기는 사람을 말하기도 한다.
- • 여사제카드는 어떤 상황에서는 서서히 드러나서 당신에게 다른 동기를 줄 정보를 의미한다.
- • 통합의 원리로 양극성을 포용할 수 있는 힘을 말한다.
- • 긍정적인 측면에서는 심령적인 통찰력과 치유능력을 말한다.
- • 부정적인 측면에서는 질투나 힘을 악용하는 성향을 말한다.
- • 여사제카드가 좋은 것을 말하는지 나쁜 것을 말하는지는 앞뒤의 주변 카드들을 보고 판단한다.

3. 여왕

III. 여왕(The Empress)

온화하고 여성스럽고 아름답고 풍성하며 자연과 풍요에 가깝고 영성이 아니라 물질적인 것을 의미한다.

풍요의 상징으로 돈이 벌리고 재물운이 길하다.

여왕은 배우자가 돈 버는 능력이 좋은 여성이다.

- 밀밭은 실용적, 실질적인 돈과 부자를 상징
- 하트는 여성스러움과 현모양처를 의미
- 석류는 풍요의 상징

연애관계 등에 행동실천력이 있다.

여왕은 마음이 넓고 인정이 많은데 때로는 질투심도 강하다.

예술적 재능, 여성 대상으로 하는 일에 길하다.

여왕 카드는 연애, 약혼, 결혼, 출산을 상징한다.

여왕은 지능, 지혜, 창의력이 있는 여성이다.

THE EMPRESS.

– 결실과 수확.
– 천공의 여왕 헤라.

여왕의 오른손에 홀(권위의 상징)을 머리까지 들고 있으므로 권위와 능력과 직위가 있다. 발밑의 밀밭으로 물이 흐르고 몸에 다산을 상징하는 석류 옷으로 부유와 풍요로움을 다 갖추고 있다. 지위, 지식, 부모덕 하나도 부족함이 없는 사람이다. 붉은색은 생리를 의미하여 여성적 매력을 나타낸다. 여왕은 능력과 실력이 풍부한 여성이나 애인이 없을 확률이 높다. 홀을 황제보다 여왕이 더 높이 들고 있기 때문에 애인이 있더라도 집중을 안 하고 주변의 다른 사람한테 눈을 돌릴 수도 있다.

- ▸ 오른손의 홀은 권위를 상징
- ▸ 머리별은 12개의 행성과 12개월을 의미

▶ 월계관 위의 육각형별은 솔로몬의 별로 성스러움과 축복의 상징
▶ 석류는 다산과 여성성을 상징. 등 뒤의 붉은색 쿠션은 열정을 상징
▶ 붉은색 의자는 여성적 매력이 뛰어남을 의미
▶ 치마 밑으로 조금 내민 발은 행동력을 의미
▶ 여성마크가 하트 안에 있으니 정조개념이 높은 사람은 아니다.
▶ 밀밭은 곡식의 여왕으로 풍요와 생산을 의미
▶ 하트의 비너스의 성향과 밀밭의 데미테르의 성향은 어머니 같은 마음으로 모성애를 의미
▶ 물이 흐르는 것은 남성의 성기와 정액을 상징
▶ 부모의 덕, 자신의 지위, 승리의 상징
▶ 노력해서 지위를 얻고 부하를 거느릴 수 있는 사람으로 마음이 풍요롭다.

• 이 카드는 모성과 아기들에 대한 질문에 나타난다.
• 여왕카드는 임신에 대한 예언이나 건강한 아이의 탄생에 매우 긍정적인 카드이다. 그러므로 이 카드는 임신을 계획하지 않는 사람에게는 조심하도록 주의를 준다.
• 여왕은 어머니일 뿐만 아니라 사랑하는 사람이기도 하다.
• 그녀의 관능성과 성적매력은 그녀의 풍요로움의 일부이다.
• 이 카드는 사랑과 결혼에 관한 문제를 다룰 때 매우 유용하며 어떤 상황에 대한 답을 원할 때 그 일이 생산적이며 좋은 결실을 맺으리라는 것을 나타낸다. 성공과 만족이 기대된다.
• 여왕카드는 물질적인 것을 상징한다.
• 석류는 여사제에서도 발견되는데 이것은 영적, 물적으로 풍요로움을 의미한다.
• 여왕카드는 사랑, 결혼, 그리고 자녀에 대한 질문들에서 자주 나타난다.

4. 황제

지배력, 두목, 독불장군, 험악한 스토커, 혼담, 맞선, 정
치와 관련된 사항, 고집 센 사람.
권위적이나 외롭고 도와줄 사람 없고 피곤하다.
의처, 의부증의 상태로 남성적이며 억압적이다.
어디를 공격하여 지배할까 생각하고 있는 사람이다.

- 산양머리는 불굴의 의지와 용기를 상징
- 붉은색은 세속적 권위의 상징
- 가부장적 아버지는 강한 의지와 수단으로 성공
- 부와 힘, 리더십으로 독재적이나 의지할 만한 상대

좋은 조건의 혼담이나 연장자와의 연애를 말한다.
연애운은 일방적이며 고집 세고 남성스럽다.
안정성, 결의, 보호, 본능이 강한 남성을 말한다.
황제카드가 나올 때는 신념을 갖고 '추진하세요. 인정을 받습니다.'라고 조언한다.

- 권위, 힘, 리더십, 야망, 이성
- 신들의 지배자 제우스

황제는 우두머리, 대장, 책임자, 가장, 아버지, 단체의 장, 직위, 직책이 있는
사람이다. 황제는 내 주변과 어울려 대장역할을 하며 책임자이고 아버지를 의미
한다. 황제는 당당하며 힘 있고 권력 있는 최고의 위치에 있는 사람이다. 황제는
완벽한 권위 상징이 아니며 나쁜 권위의 상징으로 완벽한 왕은 아니다. 황제는
식솔과 부하를 거느린 가장으로 돈을 벌고 가장의 역할을 책임감 있게 한다.

▸ 돌 의자는 주관이 뚜렷하며 고집 세고 단단함을 의미
▸ 오른손의 롤과 앵크 십자가는 지옥과 천당의 매개 고리로 선악을 표시
▸ 갑옷은 언제나 출동 준비와 전투태세로 싸움을 할 수 있음을 의미

▸ 돌 의자는 의지의 표상으로 가진 것은 황폐하고 넉넉하지 않다.

▸ 염소는 고집 세고 돌진하는 성향이 강하다. 그러므로 돌파하려는 의지로 좌절하지 않는다.

▸ 붉은 옷은 책임감과 권위를 나타내며 열정은 충분하다.

▸ 왼손의 기름 주머니는 이루어 놓은 것, 밝혀주는 도구인데 낮게 들고 있기 때문에 넉넉해 보이지는 않다.

▸ 왕의 갑옷은 마지막 싸움을 의미하여 쿠테타를 의미

▸ 발모양은 공격성을 나타내며 소수의견을 의미

• 황제의 길고 흰 턱수염은 연륜과 경험과 지혜를 나타낸다.

• 황제는 현명하고 공평하고 분별력이 있는 존재이다.

• 카드 배열에 황제카드가 나타나면 대체로 이성이 감성을 다스릴 필요가 있음을 의미한다.

• 황제카드는 결정하기 힘든 일에 대한 신호일 수 있다.

• 황제카드는 자기의 주장을 고수하거나 혼자 힘으로 일어설 필요가 있음을 알려주는 신호일 수 있다.

• 황제는 또한 직장상사나 부모, 사업, 동료와 같이 힘 있는 위치에 있는 사람일 수도 있다.

• 황제카드는 자아를 내세우는 강력한 추진력을 상징한다.

5. 교황

V. 교황(Pope)

길흉 만사가 ○ ○ ○

원조, 혼담, 맞선, 학교, 종교기관, 배움의 장소, 선생님,
성직자.
전통적인 길을 선택할 때 커다란 도움을 주는 사람.
동정심, 원리원칙 중요시, 남에게도 강요한다.
교황은 해 줄 건 다 해주지만 간섭(대가)을 한다.

- 삼중예복은 삼위일체로 영적인 것과 세속적인 것
  을 구비했음을 의미
- 열쇠는 어떤 문제를 해결할 수 있는 힘이 있을 의미

진인사 대천명의 자세를 말한다.
종교적으로 해결한다. 神은 동정심이 많다.
연상의 인연을 말한다.
바르고 솔직한 조언을 받는다.
전통, 정제, 영적인도를 말한다.
존경하는 분께 조언을 구하라. 답을 얻는다.

－영적 조언자
－교사, 사제

교황은 정신적 아버지이다. 스승이 두 손을 다 들고 있으므로 하늘의 능력을
충분히 받았다. 지혜와 지식이 충분히 있다. 그러므로 말씀을 잘 한다.

▶ 교황은 종교적, 정신적으로 조언을 해 주는 사람이다.
▶ 손의 홀 3단과 왕관의 3단, 수사 옷의 Y자 모양은 삼위일체를 말한다.
▶ 붉은색은 열정을 가지고 잘 가르침을 의미
▶ 붉은색은 물질, 흰색은 정신을 의미
▶ 교황은 신성한 권위를 가지고 있다.
▶ 옷은 황금 새벽회의 전통적, 보수적인 옷으로 입회복장은 전통성을 의미

▶ 십자열쇠는 베드로의 열쇠이다. 베드로는 예수의 수제자이다. 정신적으로 성숙한 아버지로 3번 여왕과 4번 황제가 대비될 수 있다.

▶ 4번은 물질, 권위, 대장, 아버지, 우두머리이고 5번은 정신, 지식, 종교적 의미, 진리전파, 보수적, 중재로 열정, 활력, 활동성 개념은 미약하므로 서두르지 않는다.

▶ 교황의 핵심적 의미는 삼위일체로 정신적, 영적으로 강하다.

• 교황카드는 전통적인 것에만 얽매이면 안 된다는 것을 보여준다.

• 교황은 영적조언자나 교사, 치료자를 말한다.

• 교황카드는 당신이 존경하는 사람을 상징하며 개인적인 문제들을 털어놓고 얘기할 수 있는 사람, 당신이 조언을 구하고 따르고자 하는 사람이다.

• 교황은 가장 친한 친구나 연인으로서 당신이 신뢰하거나 당신에게 가장 큰 도움을 주는 사람을 의미할 수도 있다.

• 때로는 내담자가 사제일 수 있으며 그는 조언자의 역할을 하거나 상황을 바른 길로 인도하는 사람이다.

• 만약 이 카드가 다른 어려운 카드에 둘러싸여 있다면 그것은 특히 요청받지 않았을 때는 신중하게 조언하라는 메시지이며 고자세나 비판적으로 하지 말라는 것을 나타낸다.

6. 연인

VI. 연인(The Lover)

진심으로 사랑하는 상태이다. 천사는 중매쟁이, 로비스트를 말한다.

다른 쪽으로는 유혹 당할 수 있음을 말한다.

감언이설로 조만간 안 좋은 일을 겪는다.

- 남자는 사랑하다가 다칠 일이 생긴다.
- 여자는 유혹을 당할 수 있다.
- 선악과나무와 뱀은 유혹을 상징한다.

연애는 잘 되고 사귀는데 결혼은 안 되는 카드.

사업운은 안 좋다. 조만간 시련을 당한다.

대인 관계의 중요성을 말한다.

갈림길, 감정, 관계의 시작, 끼(도화살).

고개를 든 여자는 좋아하는 다른 남자가 있으므로 결혼은 거부할 수 있다.

– 사랑과 쾌락의 화살.
– 사랑과 협력 선택.

큐피트 천사는 남녀 간의 육체적 사랑보다 정신적 사랑을 말해준다. 남자는 여자를 쳐다보며 집중하는데 여자는 다른 사람을 쳐다보며 집중을 안 해서 남자한테 빠지지 않는다. 여자 뒤의 뱀이 여자를 유혹한다. 복숭아(선악과)와 남자 뒤의 생명의 불꽃나무는 남자가 모르는 성적인 오르가즘을 뱀이 더 잘 알고 있음을 말한다. 뱀은 지혜의 동물이다. 타로 리딩은 잘 읽어주는 것이 기본이다. 그러므로 주위의 카드 상황을 보고 해석하여야 한다.

▶ 큐피트의 천사 뒤의 태양이 길게 빛을 내뿜고 있다.
▶ 천사의 보라색 옷은 성스러움의 상징.

▸ 천사의 붉은색 날개는 열정적으로 사랑을 전파함을 의미

▸ 천사의 구름은 미지의 세계를 의미

▸ 두 사람은 만남은 미지의 세계와 현실의 세계를 말한다.

▸ 남자 뒤의 생명의 불꽃나무가 활활 타오름은 여성으로 향한 남성의 성적인 욕망을 의미

▸ 뱀이 여자의 귀에 대고 속삭인다. 이는 지혜의 상징이다.

▸ 선악과는 진실과 지혜의 열매이다.

▸ 두 사람 사이의 볼록한 산은 성적, 물질적 욕망으로 남녀가 살아가는데 필요한 모든 것을 말한다.

▸ 여자는 다른 곳을 본다. 감상적으로 눈을 하늘에 두고 있다. 이는 두 마음이 있음을 말한다.

▸ 남자는 땅(현실)을 본다. 그러므로 집으로 되돌아온다.

▸ 여자는 하늘(이상)을 본다. 그러므로 집으로 되돌아오지 않는다.

▸ 천사의 머리모양은 열정의 상징

• 연인카드는 인간관계나 혹은 의미 있는 연애사건을 나타낸다.

• 연인카드는 성과 관련된 강력한 육체적 매력을 나타내며 욕망과 열정과 사랑이 강하다.

• 연인카드는 일반적으로 올바르게 이루어지는 사랑과 열정을 말한다.

• 연인카드는 대부분 진정한 영혼의 짝과 맺어지는 멋진 동반자 관계를 나타낸다.

• 그러나 때로는 연인카드는 앞뒤의 세부사항을 잘 알고 난 후 선택할 것을 말해준다.

• 피해야하는 나쁜 상황에서는 악마카드처럼 무거운 카드가 앞뒤로 나타난다.

7. 전차

VII. 전차(Carriot)

정복과 여행을 말하는데 대박인 상황은 아니다.
돌진한다. 싸우러 간다. 추진력 있고 강직하다.
열정적 노력으로 이긴다.
무모하지만 뜻을 이룬다. 복수에 성공한다.
직업은 운송 수단에 관련된 일을 말한다.

- 검정 스핑크스는 욕망을 위한 부정하고 사악한 수단과 방법을 의미
- 흰색 스핑크스는 성공을 위한 긍정적 노력을 의미
- 별은 신이 인정한 사람으로 역경을 이김을 의미

여행을 간다. 이동수가 있다. 행동적 사랑을 한다.
전차는 사랑의 승리자로 라이벌을 이긴다.
성공하려면 열심히 공부하고 노력하라. 책임과 의무를
다 하라.
승리, 명예, 목적을 달성함.

– 전투의 신 아레스.
– 제우스와 헤라 사이의 왕자.

전차카드는 활동적으로 움직이고 정열적으로 돌진하며 몸으로 강하게 달림을
의미한다. 만약 전차카드 옆에 지팡이카드가 같이 나올 경우는 빨리 달리지 말
것을 말하며 컵카드가 나올 경우는 열심히 달리는 것도 좋을 것이라고 양면적
으로 해석하는 요령이 필요하다.

전차카드는 1~6번까지의 집약체이다. 손에 홀은 마법사 1번, 어깨 위의 달은
여사제 2번, 머리의 별과 왕관은 여왕 3번, 돌 의자에 앉아있는 것은 황제 4번,
두 마리 스핑크스는 교황 5번의 두 제자를 의미하며 마차 앞의 팽이는 남성과
여성의 결합으로 연인 6번을 집약하여 나타낸다.

- 전차카드는 1~6까지의 과정이 진행되었음을 의미

- 손에 홀을 들고 있어 장군 수준의 권위가 있음을 말한다. 마법사의 홀이나 여사제 별과 같이 권위를 의미한다.

- 어깨 위의 두 달은 변할 수 있으므로 사람은 두 마음을 가지고 있음을 말한다. 예를 들어 달릴까, 천천히 갈까하는 식이다.

- 두 개의 집은 두 가지 가능성으로 풍부한 재산과 자신의 배경을 말한다.

- 이마의 큰 별은 솔로몬의 지혜와 영광을 상징

- 타로 리딩에서 전차카드가 나오면 그것은 종종 하나의 상황에 작용하는 서로 다른 요인들을 나타낸다.

- 그 요인들은 마찰을 일으킬 수 있으므로 절묘하게 다루고 제어해야 함을 말한다.

- 전차카드의 주요 메시지는 통제력을 회복하라는 것이다.

- 올바른 길로 잘 운행하고 운전하면 장애물을 극복하고 성공에 이를 수 있음을 말한다.

- 그것은 단순한 생활이나 또는 특정한 상황에서 새로운 방향감각을 찾아야 하는 문제일 수도 있다.

- 어떻게 하면 더 잘 제어하고 추진력을 발휘할 수 있는가하는 면에서 자신의 능력과 권한을 인식해야 하는 문제일 수도 있다.

- 일을 계속 진행시키되 단호하게 밀어붙일 수 있는 용기나 자신감을 발휘하는 것이다.

- 그는 무모하거나 잘못 행동하지 않으며 영리하고 계획적이다.

- 전차는 여행을 의미하는데 이는 휴가가 아닌 목적이 있는 여행이다.

8. 힘

VIII. 힘(Strength)

의지력과 운동에 관련된 일을 나타낸다.
내면적 힘으로 스스로 자수성가한다.
무한대의 능력으로 문제 해결능력이 있다.
내면에 용기와 배짱이 좋다.
사막에 내놓아도 살아올 수 있는 배짱과 용기가 있다.

- 무한대는 인생의 힘든 요소를 다 극복함을 의미
- 사자는 인생의 위험요소. 적과 공포를 의미

불가능을 가능으로 만드는 의지력과 전력투구를 말한다.
용기로써 진실한 사랑을 쟁취한다.
고난을 극복하고 두려움과 맞서 과감히 도전한다.

– 용기. 인내.
– 도덕적인 힘.

여자가 주인공이다. 여자의 능력을 말한다. 머리의 무한대는 정신적이며 여성적이나 무한한 능력과 내면의 힘이 큰 것을 말한다. 육체적이나 물질적인 문제들을 정신적 에너지로 다룰 수 있는 능력이 있음을 말한다. 정신적 힘과 능력으로 사자를 다스리고 움직일 수 있다. 사자는 육체적이나 물질적인 문제로 인식하라.

▸ 8번 카드는 여자의 부드러움과 사자의 거친 힘겨루기를 말한다.
▸ 8번과 11번 카드는 옛 카드에서 순서가 바뀌었다.
▸ 법이 먼저냐 주먹이 먼저냐의 문제에서 감정은 나중에 따진다. 사회적 관념과 정서는 법이 앞에 있다.
▸ 사자는 남자의 힘, 육체, 권력으로 여자의 자애로움과 대별되는 것이다.

▶ 뫼비우스의 띠는 무한대의 지식으로 사자를 충분히 다룰 수 있는 능력이 있음을 나타낸다.

▶ 화관이 여자를 머리에서 몸까지 감쌌으니 권위와 명예가 있음을 의미

▶ 빨간 장미는 열정을 나타내는데 머리에 있는 것은 지식의 열정이다.

▶ 장미가 넝쿨째인 것은 지식의 열정이 충만함을 의미

▶ 뾰족한 산은 물질적이며 세속적인 욕망을 말한다.

▶ 흰색의 옷은 정신적이거나 육체적으로 상반된 에너지를 잘 조절함을 의미한다.

• 힘카드는 인내와 용기의 필요성을 말한다. 원하는 것을 가지려면 인내를 필요로 하며, 인내를 필요로 하는 것은 확신을 가지고 기꺼이 감내해야 함을 말한다.

• 힘카드는 신체적으로는 활력을 상징할 수 있다.

• 건강문제를 다루고 있을 때는 힘카드는 고무적이다. 왜냐하면 이것은 잘 회복될 수 있는 에너지를 암시하며 건강을 되찾을 수 있음을 나타내기 때문이다.

• 만약 힘카드 앞뒤로 불리한 카드가 나왔다면 우리는 힘이 잘못 사용되거나 잘못 적용되고 있는지를 돌아볼 필요가 있다.

9. 은둔자

IX. 은둔자(Hermit)

탐구자세. 연구직 종사자, 속세를 떠남 현실도피.

일의 중지와 취소를 말한다.

혼자 사는 사람이다.

때로는 생각을 잠시 접어둘 것을 말한다.

너무 신중해서 아무것도 못한다.

충고와 조언은 들을 수 있다.

처박혀 있는 사람.

- 발밑 앞뒤의 낭떠러지 상황은 위험상태를 의미
- 지팡이와 등불은 지혜를 상징
- 긴 수염은 경험과 경륜을 나타낸다.

지팡이를 짚은 사람은 신중하고 활동적이지 못하나 유식하다.

정신적 사랑을 말하고 조용한 사람임을 나타낸다.

시간을 갖고 충분히 생각할 것을 말한다.

탐구심, 고요함, 물질세계로부터의 이탈.

길흉 × × △

THE HERMIT.

— 물러남. 묵상.
— 내적조언.

　　은둔자가 설산 위에 서 있다. 그러므로 고독하다. 최정상에 있는 것처럼 춥고 쓸쓸하고 외롭다. 그러나 그는 환경에 적응한 듯 눈을 감고 있다. 손에 들고 있는 등불은 자기가 보는 불빛이 아니다. 왜냐면 그는 눈을 감고 땅을 보고 있기 때문이다. 은둔자는 현실에 대해 의사표현을 하지 않고 조용히 움직이지 않고 자기의 생각에 빠져 있다. 자기 혼자 자기만의 세상에 빠져 있다. 주변의 사람들에게 등불을 들고 나 여기 있다고 보여주는 것 같다.

▷ 은둔자는 고독의 상징

▷ 은둔자는 눈을 감고 있다. 그러므로 깊이 사색하고 통찰한다.

▷ 은둔자는 등불을 켜고 있다. 그러므로 지혜와 희망의 안내자이다.

▷ 등불의 육각형은 솔로몬의 지혜의 별이다.

▷ 등불은 지식과 정신을 말하며 지식에 대한 욕구의 상징이다.

▷ 은둔자는 정신적 에너지가 높다. 등불을 팔 위에 들고 있고 손잡이와 지팡이가 높이 있는 것은 열정, 열망, 행동, 지식, 정신능력이 높이 있다는 것을 말한다.

▷ 눈, 설산, 회색 옷은 내면세계와 충분히 조화를 이룸을 말한다.

▷ 눈을 감고 있으므로 혼자만의 세계에 빠져있음을 말한다.

• 은둔자카드는 해답을 찾기 위해서 다른 사람을 바라보는 대신 자신의 내면을 바라볼 것을 가리킨다.

• 은둔자카드가 나오면 한 발짝 물러나 원인을 분석하고 타인의 충고를 참작할 것을 말한다.

• 어떤 유형의 묵상이건 평화와 고요가 필요하다.

• 이 카드는 자신이 혼자라는 고독과 아픔을 나타낼 수 있다.

• 이 경우 그것은 주변에 특별한 사람이 없다고 해도 주위 사람들과 계속 관계를 유지하도록 노력하라는 메시지이다.

• 자족과 자립을 배우는 것은 은둔자카드의 소중한 교훈이다.

• 은둔자카드는 종종 홀로 있는 시기를 가리킨다.

• 은둔자카드는 사별로 인하여 비탄에 잠긴 사람에게 나타날 수 있다. 이것은 견뎌 내야 하는 궁극적인 외로움이다. 시간 말고는 달리 치료약이 없기 때문이다.

• 은둔자는 물러남과 홀로됨을 의미한다.

10. 운명의 수레바퀴

X. 운명의 수레바퀴

길흉 △△△

윤회, 가업을 잇는 일.
역술업, 피할 수 없는 운명적 사랑.
내 운명에 커다란 힘과 영향을 미치는 사람.
대운의 변화로 한 단계 업그레이드된다.
어떠한 질문에 답을 피해 갈 수가 없다.
특수한 중간카드이다.

- 뱀의 좋은 의미는 지혜이고 나쁜 의미는 사기꾼
- 붉은 악마(아누비스)는 저승으로 안내하는 악마
- 스핑크스는 신의 제자로 검을 들고 최고 꼭대기에 앉아 있다.
- 뱀은 이시스(이집트 신화), 셋트라는 신검으로 파괴를 나타낸다.

WHEEL of FORTUNE.

– 삶의 순환과 변화.
– 운명적인 일.

운명의 변화주기 싸이클을 나타낸다.
행운(行運)과 시간의 경과를 말한다.

아누비스가 운명의 수레바퀴를 돌리려고 할 때 스핑크스가 선과 악의 균형을 맡고 있다. 운명의 수레바퀴는 첫 번째 카드에서는 별 의미가 없으나 세 번째 카드에서 나오면 앞의 두 카드가 반드시 실행됨을 나타낸다. 스핑크스는 공정한 판결, 운명의 순환, 순리대로 순응함을 말하는데 반복되는 삶과 흥망성쇠의 변화를 나타낸다.

▸ 운명이란 어디가 시작인지 끝인지 알 수 없다.
▸ 뱀과 스핑크스는 운명의 수레바퀴를 돌린다.

▶ 운명의 수레바퀴 주변의 사성체는 천상의 4존재로 지수화풍 원리를 말한다. 공부를 열심히 하라. 노력하라고 말한다.

▶ 독수리는 물(컵), 겨울, 전갈자리, 요한복음, 권력, 영광을 상징

▶ 사자는 불(지팡이), 여름, 모세5경, 마가복음, 힘, 남성적 원리를 상징

▶ 사람은 바람(검), 가을, 물병자리, 마태복음, 수호자, 심부름꾼을 상징

▶ 송아지는 흙(팬타클), 봄, 황소자리, 누가복음, 의지력, 존엄을 상징

▶ 보라색 구름은 사성체의 성령스러운 존재가 순환함을 나타낸다.

▶ 스핑크스의 검은 지식과 방어력과 행복을 의미

▶ 토라는 모세5경으로 유태교 경전으로 죽어야 살아남을 말한다.

▶ 스핑크스는 신전의 수호자이다.

• 운명의 수레바퀴는 인생의 순환을 알리고 있고 당신을 자신의 운명으로 데려가고 있다.

• 운명이란 신뢰적 창조물로 각자 인생을 공부하는데 지식이라는 주제를 말한다.

• 운명은 능동적이며 적극적인 지식의 습득을 통해 이루어지는 진보적 인생을 나타내며 그 결과로 얻어지는 지혜는 노력의 결실이다.

• 수레바퀴의 이미지는 순환, 무한, 환생, 완전, 진보, 영속과 같은 의미들을 나타낸다.

• 그러므로 수레바퀴의 각각의 회전은 새로운 시작, 더 나은 쪽으로의 전환 그리고 어떤 종류의 완성을 가리킨다.

XI . 정의(Justice)

균형, 법과 관련된 직업. 노력한 만큼만 받는다.
공정하다. 명예가 높다.
육체적인 순결을 지킨다. 남이 잘못 생활하는 것을 못
본다.

- 양날검은 공정한 판결을 의미
- 초록색 망토는 객관성을 상징
- 저울은 공정성을 의미
- 붉은색은 진실에 대한 열정과 냉정함을 상징
- 회색 쌍둥이 기둥은 위엄과 감정이 배제된 판단을
  표현
- 보라색 휘장은 자가 치유를 상징
- 칼은 판단력, 저울은 공정함을 의미

– 결정, 법률적인 일, 정의와 법을
 수호하는 여신 테미스.

정의카드는 무엇이 옳은가? 정의감으로 시시비비를 가린다.
정의카드는 분수를 파악하며 솔직하고 정직하면 결국 옳은 일은 잘됨을 의미한다.
정의카드는 사리분별로 정의를 피할 수 없음을 나타낸다.

정의카드는 천칭을 들고 있으며 한쪽 팔은 검을 들고 손은 땅을 가르친다.
마법사와 같은 자세로 하늘의 축복을 받지만 검을 들고 선과 악을 판단하여 분
명한 구별을 해 준다. 조절, 중재, 판단, 정의란 개념이 들어가 있다.

붉은 옷은 열정이 있음을 말한다. 발을 조금 내밀고 있다는 것은 행동력과 실
행력 있음을 말한다. 냉정한 판단으로 정확한 균형을 잡으려면 열정과 실행력이
있어야 한다. 정의카드가 나올 때는 주도권이 누구에게 있는지 생각해 보라.

▸ 검, 천칭을 들었는데 눈을 가리지 않았다.

▸ 정의카드는 눈을 똑바로 뜨고 있어 냉정하게 판단한다.

▸ 정의는 두 기둥 사이에 있으므로 중재, 조정을 한다.

▸ 저울은 양쪽을 충분하고 공정하게 중재한다.

▸ 정의카드는 검으로 중재하니 판단이 정확하다.

▸ 보라색 휘장은 보이지 않는 곳에서 신성한 존재가 축복해줌을 의미

▸ 붉은색 옷과 조금 내민 발은 많은 고민을 하며 열정적으로 생각한다.

▸ 애정운일 경우는 너무 저울질을 한다.(학벌, 돈, 계산적, 이기적)

▸ 왕관안의 사파이어는 거룩한 진리와 아름다운 미와 덕을 상징

▸ 녹색 망토는 풍요와 안정을 의미

- 이 카드가 나올 때는 중요하고 특별한 결정을 해야할 일이 생긴다. 그러므로 앞과 뒤의 카드를 유념해서 읽어야 한다.

- 그러나 단지 어떤 것을 다른 사람의 관점에서 이해해야 할 필요성을 나타내는 것 일수도 있다.

- 정의카드는 법적인 일을 다루어야 한다는 것을 의미할 수도 있다.

- 정의카드의 모습은 또한 제3의 가치를 나타낼 수도 있다.

- 어떤 종류의 중재자가 아주 큰 도움이 될 수도 있다.

- 정의카드는 객관적인 관찰자 관계가 없는 제3자 또는 편견이 없다고 믿을 만한 사람을 가리킨다.

- 다양한 의견들을 한데 모아서 심사숙고하기를 좋아하며 심지어 논쟁을 활발하게 하기 위해 일부러 반대 의견을 제시하는 역할을 맡을 수도 있다.

- 정의는 인간세상에서 지적인 능력인 이성, 사고, 심사숙고를 상징한다.

- 검은 진실을 위한 투쟁을 상징하며 천칭은 균형과 공정함을 상징하니 검과 천칭은 대비된다.

- 검은 감정보다 치밀한 논리의 필요성을 말하며 감정을 객관성으로 조절하기를 요구한다.

12. 매달린 사람

XII. 매달린 사람

희생, 봉사와 관련된 일을 한다.
자신의 희생이 필요한 사람. 희생당한다.
스스로 희생한다. 알면서도 당한다.
사기, 배신당함. 실패의 시기, 중지를 요한다.
답답한 상황과 예상치 못 한 결과가 나온다.

- 4자의 다리모양은 희생의 숫자이다.
- 머리의 후광은 인격 높고 지적인 사람을 의미
- 베푸는 직업과 헌신적 사랑을 의미
- 꺾여 있는 다리는 류마티스 관절염 등을 나타낸다.

연인관계는 안 좋다.
회사사장은 아랫사람한테 배신당한다.
무언가 희생당하거나 잃을 수 있다.
자신에게 가장 중요한 일에 집중하라.
과도기이며 사서 고생을 한다. 삶을 새롭게 보라.
힘들고 괴로운 체험으로 교훈을 얻는다.
회개와 마지막 난관을 나타낸다.

THE HANGED MAN.

- 깊은 아래.
- 보류하라.
- 결과가 없다.

매달린 사람은 행동이 느리고 속도감이 없으며 천천히 한다. 그러므로 옆 사람은 기다리다 숨넘어간다. 거꾸로 매달려 있으므로 힘들지만 얼굴을 보면 완전히 힘든 것은 아니다. 붉은색 바지와 푸른 상의는 음양의 조화를 나타내며 한쪽으로 치우치지 않았음을 나타낸다. 4자모양의 다리와 등 뒤의 팔은 죽음의 死와 같이 악마를 상징한다. 사람이 T자모양의 성스러운 십자가에 매달려 있다. 이러한 것은 자신의 깨달음을 나타낸다. 머리의 노란 광채는 선악의 조화, 음양

의 조화, 부와 깨달음을 나타낸다.

- ▶ 매달려 있음은 남들에게는 힘들어 보이나 본인의 표정은 힘들지 않다. 이는 깨닫기 직전의 상황으로 수련의 마지막 단계에 와 있음을 말한다.
- ▶ 4자 모양의 발 자세는 악마의 숫자로 지옥을 의미
- ▶ 4자는 물, 불, 바람, 흙 등의 모든 주변요소를 상징
- ▶ T자의 십자가는 신령스러움을 의미
- ▶ 보라색 띠는 신성스러운 깨닫기 직전의 상황을 말한다.
- ▶ 매달린 사람은 천천히 움직여서 러번 세계카드의 다리모양으로 깨달은 모양이 되었다.

- • 매달린 사람은 죽음과 재탄생의 카드이다.
- • 매달린 사람은 손실과 방향 감각 상실에 따른 변화를 상징한다.
- • 매달린 사람은 조정의 카드로 성숙과 성장을 나타낸다.
- • 매달린 상황은 남에 의한 결정이 아닌 자신의 결정으로 된 정지 상태로 얽매임과 시련, 진퇴양난으로 꼼짝할 수 없는 상태이다.
- • 이는 봉사, 남 좋은 일, 대의에 따른 희생으로 감옥에 수감된 상태를 말한다.
- • 자기 체념으로 세상에서 숨어버린 움직이지 못하는 상태를 나타낸다.
- • 이 카드는 세상을 거꾸로 보고 역발상을 하며 상대의 입장에서 생각해보라는 교훈을 주고 있다.
- • 거꾸로 매달린 사람은 백수이며 정해진 직업도 없으며 일을 할 의사도 없다.

13. 죽음

XIII. 죽음(Death 저승사자)

길흉 × × ×

죽음, 끝장, 고통, 파멸, 절망, 커다란 몸의 병, 직업이 자주 바뀐다.(알바)

죽음에는 왕도 신하도 없다.

- 해골기사는 사람을 죽이는 저승사자를 의미
- 교황은 종교적인 힘으로 죽음을 극복하려 한다.
- 어린이는 순수한 마음과 동심으로 죽음을 두려워 하지 않는다.
- 여인은 죽음에 대항하지 않고 탈진하여 외면한다.

이 모든 것들은 병이나 사고의 암시이다.

죽음은 새로운 삶의 변화를 말하니 옛것을 버리고 새로운 일을 시작하라.

변심, 두려움, 갑작스런 일과 사건들을 나타낸다.

여자가 남자가 있는데도 새로운 남자를 원한다.

역방향은 끊고 싶은데 끊지 못하는 상황을 나타낸다.

- 변화, 재탄생.
- 조만간 결정을 내려야 한다.
- 준비하라.

말을 타고 슬픔, 좌절의 검은색 해골이 다가왔다. 교황, 여자, 아이. 황제가 죽음에 대항하다 황제는 죽었다. 교황은 죽음의 사신 앞에서 설교를 하고 있다. 악마가 끌어드리려고 하는데 교황은 끌려가지 않는다. 여자는 될 대로 되라고 체념하고 자포자기하여 죽음의 사신을 외면하고 있다. 아이는 죽음의 사신을 반기며 거부감 없이 꽃다발을 들고 환영한다. 죽음, 설득, 포기, 환영의 상황으로 죽을 만큼의 힘든 변화를 나타낸다. 말의 발밑은 황무지이며 물이 흘러내리는 절벽 안으로 두 기둥 사이에 태양이 떠오른다. 죽음의 사지에서 태양을 향해 간다는 것은 변화이다. 죽음의 사신이 들고 있는 황금새벽회의 깃발은 전후를 가르는 족적을 상징한다. 죽음의 사신은 경쟁력이 있으며 이기려고 하는 마음이 강하다.

- ▹ 죽음이란 내가 막을 수 있는 상황이나 피해갈 수 있는 상황이 아니다.
- ▹ 황폐한 땅에서 멀리 보이는 기둥사이로 태양과 초원이 보인다. 이는 새로운 시작과 변화를 의미한다.
- ▹ 해골이 든 깃발은 황금새벽회를 상징한다.
- ▹ 둥근 것은 윤회를 상징하며 죽어야만 부활할 수 있음을 상징.
- ▹ 왕은 죽어서 다시 태어나면 왕이 될지 안 될지 모르기 때문에 변화를 싫어한다.
- ▹ 말의 눈은 사신과 같이 동화하여 죽음의 변화를 받아들인다.
- ▹ 태양은 새로운 세상의 축복을 의미한다.
- ▹ 두 기둥은 이승과 저승의 경계지점을 말한다.
- ▹ 배는 인생을 나타내고 물은 인생의 흐름을 말한다.
- ▹ 나팔은 교황을 상징하고 왕관은 땅바닥에 떨어졌다.

- • 교황이 성스러운 지팡이를 땅바닥에 놓았다는 것은 본분을 망각하고 사신과 타협하려 함을 나타낸다.
- • 머리의 붉은 술은 열정을 나타내며 윤회를 겁내지 말고 받아들일 것과 죽음이란 또 다른 삶임을 말한다.
- • 죽음카드는 어떤 것이 죽었거나 끝나가고 있음을 보여 주고 있다.
- • 죽음카드는 두렵고 고통스럽고 괴롭고 상실과 비탄과 좌절 혹은 깊은 후회를 일으키는 상황을 가리킨다.
- • 죽음카드는 어떤 사람이 우리에게 죽었다고 느껴질 정도의 상실감에 빠졌거나 부재 중임을 상징한다.

14. 절제

XIV. 절제(TEMPERANCE)

절제가 강해서 완성하기 힘들다.
검소함과 인내로 잘 참는다.
조화로움과 중용과 절제를 통한 완성을 나타낸다.
미카엘 천사가 신적인 힘으로 컵을 섞어서 중화시킨다.
발은 땅의 물질적인 면과 물의 정신적인 면을 조화롭게
안정시키며 참을성이 많음을 나타낸다.
사업은 현상유지만 할 운이니 하지 마라.
매사를 느긋한 마음으로 순리대로 처리하라.
평화와 조화를 이루니 관리직이나 매니저가 좋다.
연애운은 연애는 하고 결혼은 안하는 카드이다.
하나에 빠지면 그 외에 것은 무관심한 성격으로 조절하
는 중임을 나타낸다.

－균형.
－원할한 교육, 교환.

컵은 감정인데 두 개의 컵은 감정의 조절로 음양과 남여의 대비되는 개념으
로 좋고 나쁨을 의미한다. 컵에서 물이 흐르는 모양은 미카엘 천사가 생각이 깊
어 감정을 잘 조절함을 나타낸다. 선과 악의 두 감정을 조화롭게 조절하고 중재
하는 것이다. 한 발은 물속에 있고 한 발은 땅 위에 있다. 물은 감성이고 무의
식이다. 땅은 의식과 풍요와 지성을 나타낸다. 이것은 생각이 깊다는 의미이다.
양쪽 발은 무의식과 의식을 조절하는 능력이 훌륭하다. 무의식과 의식의 세계
를 오솔길을 따라 가면 빛나는 왕관이 있는데 편안한 길은 아니다.

- ▶ 양발은 물속의 무의식과 물 밖의 의식 세계의 조화를 의미한다.
- ▶ 두 컵의 사선의 물은 감정을 나눌 수 없으므로 신만이 할 수 있다.
- ▶ 두 컵은 환경의 조화와 절제를 말하며 상대편의 감정을 잘 조절한다.

▷ 냉정하지는 않지만 기준을 가지고 저울질하고 판별할 수 있다.

▷ 물은 감정을 말하는데 감정은 인정에 끌리므로 감정조절이 쉽지 않다.

▷ 미카엘 천사는 가장 힘이 센 천사인데 회색 옷은 조화를 말한다.

▷ 머리의 붉은색 점은 태양을 상징하며 축복을 나타낸다.

▷ 붉은 날개는 힘과 열정을 상징한다.

▷ 왕관은 권위를 말하며 오솔길은 권위로 가기 위한 어려움을 말한다.

▷ 가슴의 네모 안의 세모는 지수화풍과 삼위일체의 힘을 말한다.

▷ 네모는 현실세계 세모는 영적인 정신세계를 의미

▷ 노란 수선화 꽃은 신성한 존재로 깨달음을 상징

• 태양은 밝은 의식과 삶으로의 귀환을 상징한다.

• 이 카드에서 첫째로 요구되는 것은 인내이며 이것은 평화와 조화와 침착함이다.

• 이 카드는 어떤 상황이 발생하든 간에 옳은 일을 행할 것, 즉 올바른 판단과 행위를 할 것을 말한다.

• 이것은 아무것도 하지 말고 기다릴 것을 의미할 때가 많다.

• 절제카드의 또 다른 중요한 메시지는 타협, 평정, 정서적 성숙이다.

• 절제카드가 인간관계와 관련하여 나온다면 그것은 희망, 약속, 거대한 가능성을 보여주는 것이다.

• 절제카드는 주로 균형의 문제와 관련되어 있다.

15. 악마

XV. 악마(Devil)

악마는 유혹에 빠진 상태를 나타낸다.

불륜, 부적절한 관계를 의미한다.

누군가와 원해서 하룻밤 자게 된다.

악마의 유혹에 빠지면 엄청난 집착과 고통, 자기학대
및 비관과 자해 등이 따른다.

금전적 현실적 문제에서 쉽게 못 벗어난다.

육체적 정신적 문제에서도 쉽게 벗어날 수 없다.

헤어지고도 못 잊어 집착한다.

둘 사이의 관계가 폭력적으로 끝난다.

악마는 못된 성질을 잘 낸다.

악마의 속삭임에 욕망의 포로가 된다.

타락으로 인해 병마에 시달린다.

유흥과 밤놀이가 과하다.

악의 유혹으로 나쁜 습관에 빠진 상태이다.

무언가 좋지 못한 것에 홀리다.

– 관점을 바꾸면 답이 보인다.

악마의 손모양은 마법사와 같다. 악마는 불을 전파하므로 마법사와 같이 지식은 충분하다. 하지만 머리위의 다윗의 별이 거꾸로 되어 있어 악의 지식이다. 왼손의 불꽃은 성스러운 불꽃을 남자의 꼬리에 붙이고 있어 욕망의 불꽃이다. 남자와 여자는 목에 쇠사슬이 느슨하게 연결되어 있어 정신만 차리면 풀려날 수 있다. 하지만 쇠사슬은 풀 수 있지만 스스로 풀려나지 않는다. 여자의 꼬리는 다산을 상징하는 포도이다. 이는 육체적 상징성이 깊다. 악마는 불륜이나 사이드 관계를 나타낸다. 악마는 중간에 남녀의 성기를 모두 가지고 있다. 악마 머리의 뿔은 염소인데 염소는 모든 것을 다 먹는다. 오른손의 세 손가락을 편

것은 악마의 상징이다.

▸ 애정에서 정신적 의미보다 육체적 의미가 더 강하다.

▸ 꼬리의 불꽃은 욕망의 불꽃이 서로 뜻이 맞는 것을 나타낸다.

▸ 머리의 뒤집힌 별은 악마를 상징한다.

▸ 염소는 무차별적으로 다 먹는 악마적 성향을 나타낸다.

▸ 악마의 유혹에 빠지면 욕망과 육체적 만족만 채우면 행복하다.

▸ 악마의 오른손은 사탄을 나타내고 왼손은 마법사의 손이다.

▸ 오른손 바닥에 장애선으로 인한 십자가가 있다.

▸ 악마는 어둠지식으로 사람에게 욕망의 불꽃을 전파한다.

• 어떤 상황이건 악마카드는 중대한 경로를 나타내며 무언가가 크게 잘못되고 있다는 것을 신호하고 있다.

• 악마카드는 부정하고 끔찍한 삼각관계와 불륜을 의미하며 성적인 욕망을 암시한다.

• 악마카드는 중독증세를 나타내는 경우도 있다. 그런 경우에는 이미 피해를 입었으며 현실을 직시하고 대처해야 한다.

• 악마 카드의 메시지는 가능한 상황일 경우 거기에서 빨리 빠져나와 다시는 뒤돌아보지 말라는 것이다.

• 만약 누군가가 악마카드에 의해 상징되는 나쁜 행위에 빠져있다면 거기에는 무거운 대가가 뒤따른다.

16. 탑

XVI. 탑(The Tower)

탑 카드는 최고로 나쁜 상태를 나타낸다.

카드는 해당 질문만 해석하며 확대해석은 금물이다.

3개의 창문은 삼위일체 완성의 숫자를 나타낸다.

목표의 좌절. 추락하는데 바닥이 안 보인다.

탑의 폭발로 숨겨진 것이 드러난다.

예측하지 못한 사건이 터지는데 매우 안 좋다.

파산과 몰락으로 갈 데 까지 간다.

아무 감정 없는 사랑관계, 연인관계가 끝난다.

생각보다 매우 나쁜 상황으로 예기치 않은 손실을 보게
된다.

끝까지 가야만 새 출발을 하게 된다.

탑이 의미하는 인물은 좋을 때는 아주 좋으나 한번 화
나면 무섭다.

탑 카드는 변화를 받아들여 현실적으로 행동해야 함을
나타낸다.

오만함으로 추락과 손실을 입게 된다.

– 오래된 건물이 산산히 부서짐.
– 변화가 심하게 일어남.
– 신중 하라.

탑카드는 바벨탑을 상징한다. 인간이 하늘의 권위에 도전했을 때 생기는 일
이다. 탑 위에 최고 권력의 상징인 왕관을 씌우고 인간이 하느님과 동등하다고
생각하고 바벨탑을 쌓았는데 번개로 인한 충격으로 탑이 무너지고 두 사람이
추락한다. 번개는 불의의 갑작스러운 충격을 뜻하고 왕관은 최고의 목표와 최
고의 자리를 의미한다. 시험 성적일 경우 최고 직전까지 도달한 불과 2등~3등
아니면 턱걸이 합격이나 예비 합격자일 가능성이 높다. 탑카드는 원하는 목표
가 이루어지지 않음을 나타낸다. 불꽃은 성적에 대한 비판적 판가름을 의미한

다. 폭발은 바벨탑 쌓는 것처럼 어느 순간 갑자기 오는 것으로 악마카드와 탑카드의 조합은 강한 불륜의 오르가즘 등을 나타낸다.

- ▶ 왕관은 최종 목적지, 권위, 바벨탑을 의미한다.
- ▶ 바벨탑 꼭대기의 권위에 도전한다.
- ▶ 그러나 불의의 번개가 거부하고 목표 지점이 깨졌다.
- ▶ 성적 욕망으로 가름한다.
- ▶ 바벨탑은 인간의 목표에 대한 맹렬한 도전의 상징이다.
- ▶ 번개는 충격이며 탑 밖의 노란색 요드 점들은 오히려 해방을 나타낸다.
- ▶ 진정한 신의 축복이란 탑의 구속에서 벗어나는 것이다.
- ▶ 붉은색과 청색과 흰색은 음양과 선악의 균형과 조화를 말한다.

- • 탑은 인간 스스로가 지어놓은 삶의 속박과 구속을 상징한다.
- • 탑의 파괴는 우리를 예측할 수 없는 영역으로 인도한다.
- • 직업과 인간관계에서 탑카드는 문제가 원만하게 풀리지 않음을 의미한다.
- • 잘못된 사람과 결혼한 후 이혼하는 과정이다.
- • 요즘 세상에서는 오히려 미혼자는 사랑에 빠져 결혼할 수도 있다.
- • 갑자기 임신하거나 마지막으로 아이를 갖게 됨을 나타내는 수도 있다.
- • 탑카드는 종종 커다란 변화 또는 미지의 세계로 뛰어드는 것을 상징하기도 한다.

17. 별

XVII. 별(Star)

길흉 ○ ○ ○

화려하게 즐겁고 재미있다.
갑작스런 좋은 일이 생긴다. 도움이 된다.
희망, 기대, 낙관주의, 복권 당첨운.
스스로 원해서 누군가와 조만간 육체관계를 갖는다.
꿈, 희망, 소원성취, 목표를 이룰 수 있는 힘이 있다.
희망찬 미래, 성취된 욕구.
이상적 상대자, 훌륭한 사랑, 좋은 사람을 나타냄.

- 큰 별은 기대감을 충족하는 상대
- 작은 별은 기대에 못 미치는 주변사람
- 별 7개는 7일 안에 기대하는 일이 생김을 의미
- 양쪽에서 물을 붓는 것은 양다리를 의미
- 금발은 외국인과의 만남을 의미하기도 한다.

– 새로워짐, 재생, 별빛을 받고 독에 물을 붓고 있는 처녀.

연애에 대한 기대가 크므로 만나는 사람이 있는 상태이다.
별은 남자한테 기대하는 마음이 크다.
별은 센스와 미모, 유머 감각도 있는 사람이다.

별은 어둠 속에서 희망을 준다. 별이 반짝반짝 빛나므로 희망이 있다. 행운의 별이 당신을 비추니 자신감을 가지고 실행에 옮겨보라. 의식과 무의식은 발의 모양을 보고 알 수 있다. 무의식을 나타내는 물에 발을 완전히 담그지는 않았지만 무의식을 깨우치고 있다. 무의식 상태에 물을 부어 파장을 일으키고 있다. 대지를 축복하고 감정을 축복하며 행운을 내린다. 별은 차크라의 에너지로 신성스러운 존재이다.

▶ 별카드는 암흑과 어둠의 알지 못하는 세상에 별빛을 비춘다. 이는 무의식 세계에서 현실세계로 한 걸음 나아간 것이다.

▶ 이는 미약하지만 긍정 에너지의 시작이다.

▶ 가이야는 대지의 여신이다.

▶ 별은 축복을 내린다.

▶ 별 7개는 우리 몸속의 챠크라의 에너지원을 나타낸다.

▶ 팔각형별은 우주의 에너지를 의미한다.

▶ 별카드는 임신, 출산 같은 여성의 생식력을 나타낸다.

▶ 대지, 별과 여인 같은 생식력, 붉은 항아리(열정)

▶ 물은 무의식의 에너지로 땅 위에 무의식의 에너지를 부어주고 있다.

▶ 새는 어둠의 세계에서 현실세계로의 인도자 역할을 한다.

▶ 예술적 감각이 크다. 옷을 벗었으므로 도화살의 인기가 있다.

▶ 별카드는 얽매어 있지 않은 사람을 나타낸다.

• 이 카드는 신체의 건강에 관해서는 아주 좋은 카드이다.

• 별카드는 더 나아진 성생활이나 새로운 연인을 의미한다.

• 물병에서 쏟아지고 있는 물은 삶 자체의 생명의 에너지를 상징한다.

• 그래서 이 카드는 건강과 넘치는 활력을 나타낸다.

• 별카드는 건강 여부나 임신 여부 등에 관해 좋은 결과를 알 수 있는 가장 좋은 카드이다.

• 카드 리딩에서 별카드는 긍정적인 결과를 의미한다.

18. 달

XVIII. 달(The Moon)

달은 변화한다. 그러므로 유동적이다.
변화함은 불확실성을 의미한다.
달의 모습은 고달픈 인생살이를 나타낸다.
배신, 중상모략, 숨어 있는 적.
나를 방해하는 사람이 있어서 하는 일이 힘들다.
유언비어 등의 안 좋은 소문이 난다.
시기와 질투가 많다.
어둠은 매사를 애매모호하게 만든다.
달빛은 속기 쉽고 만물은 그림자 속에 숨어 있다.
중요한 결정을 하기에 적절치 않은 때이다.
태양이 변해서 달이 되었다. 달은 암흑 속의 지배자이다.
꿈, 위험, 미지에 대한 유혹이 있다.
혼란스럽지만 결국 결정은 내려야 한다.

- 달의 여신.
- 아르테미스.

주인공은 무의식에서 의식의 세계로 길을 가는 가재이다. 달이 태양을 가리고 있다. 달은 여사제와 같이 딸이나 여성을 상징한다. 달은 음이므로 생리, 임신, 출산을 나타낸다. 달은 변화하니 생각이 변함을 의미한다. 가재는 무의식의 길을 따라 산 너머까지 간다. 산 너머는 최종도달 목적지를 말한다. 이는 무의식에서 의식의 세계로 나아감을 의미한다. 여자는 겉으로는 단단한 것 같아도 부드럽고 여리다. 그러기에 고민하고 근심이 많다.

▸ 이 카드의 주인공은 무의식의 세계를 나아가는 가재이다.
▸ 저 멀리 산기슭은 의식의 깨달음의 세계이다.
▸ 최종목적 위치: 겉은 단단하다 속은 여리다.

▸ 태양은 강하나 달은 변화하며 여리다.

▸ 여자와 달은 겉으로는 냉정하나 감정이 여리다.

▸ 강아지는 아는 지식과 길들여진 문명의 존재를 의미

▸ 늑대는 알지 못하는 지식과 길들여지지 않은 야생의 존재를 의미

▸ 개와 늑대는 상반된 의미의 세상과 존재를 말한다. 이는 이중성을 나타낸다.

▸ 개는 가재에게 성벽까지만 갈 것을 권유한다.

▸ 두 개의 성곽 기둥은 이승과 저승의 경계지점을 나타낸다.

▸ 개와 늑대는 성곽까지가 목표이다. 그러나 가재는 성곽을 넘어 충분히 가면 완성의 경지를 성취한다.

▸ 초지의 색깔도 경지마다 틀려진다.

▸ 달은 여자를 상징하고 태양은 남자를 상징한다.

• 달카드가 나오면 그것은 변화, 변동, 불확실성, 근심과 걱정 혹은 공상과 망상의 상황을 나타낸다.

• 달이 질문에서의 어떤 상황을 나타낼 때는 아무것도 서두르지 말아야 한다.

• 달카드는 배신과 속임수의 성격이 있고 대단히 복잡하거나 고통스러울 수 있는 상황들을 나타내는 경우가 많다.

XIX. 태양(The Sun)

생명에너지, 저명인사, 존경받는 직업.
최고 좋은 카드로 헌신적 사랑을 받음.
행복한 결혼, 만사형통, 대박의 운세.
행복, 만족, 성취, 거짓 없고 진실 되다.
무조건 성격 좋고 남들도 다 인정해준다.
전성시대, 강인한 체력, 협력자들이 많아 성공한다.

- 태양은 신의 가호를 상징
- 해바라기는 태양을 바라보는 헌신적 사랑
- 붉은 깃발은 열정과 명예를 상징

삶의 보람을 찾고 축복받을 일이 생긴다.
모든 것이 놀랍게 생각되는 이때를 만끽하라.
태양은 명확함, 명랑함, 만족과 자발성을 나타냄.

– 성공, 행복.
– 노력한 결과를 획득.

어린아이는 천방지축, 유치한 연애, 자기만족에 빠져 있다. 그러므로 나만 만족하면 남이야 어쨌든 상관없다.

태양은 넘치는 생명의 에너지로 광명을 준다. 해바라기는 태양을 바라보며 충성과 희생을 보여준다. 붉은 깃발은 열정의 에너지와 순수성으로 아이의 표정은 해맑고 즐겁다. 아이는 행복과 환희의 축복을 받고 있으나 아무 생각 없고 철이 없다. 그러므로 복잡한 세상을 모른다. 아이는 옷을 벗고 말을 타고 있으므로 순수하고 재빠르다. 그러나 생각이 깊지는 않다.

▸ 태양의미, 해바라기, 붉은색 휘장, 따뜻, 긍정, 축복
▸ 성벽은 외부와 내부 가르는 기준

아이는 성벽 내부의 안전한 지역에 있다. 그러므로 위험에 노출되지 않았다.

▶ 아이는 철없는 사람이다. 그러므로 뒷구멍 자체를 모른다.

▶ 아이는 매우 자기중심적이다. 그리고 자제력이 적다.

▶ 주변 환경은 최적이나 아이의 능력은 그다지 크지 않다.

▶ 부족한 게 없는 인물로 집안 덕으로 살아간다.

• 어떤 상황이나 질문의 목표를 나타낼 때 이 카드는 확실한 성공을 보장한다.

• 태양은 낙관주의, 성취, 어두운 밤 뒤에 나타나는 새벽의 이미지이다.

• 이 세상의 모든 생명의 근원으로서 태양카드는 축복과 신성(神性), 생명의 원천 그 자체를 나타낸다.

• 옷을 벗고 즐겁게 놀고 있는 아이는 우리가 가장 진실한 자기 자신과 합일될 때의 만족과 기쁨을 나타낸다.

20. 심판

XX. 심판(Judgement)

벤처사업, 시험, 반성, 발표, 절정의 순간.

새로운 시작, 소식과 부활, 칠전팔기, 치유와 회복.

공동체, 기적이 일어남, 진실과 용서.

재회, 대중적 관심사.

노력한 만큼만 얻는다.

차갑고 냉정한 카드.

천사의 나팔은 때가 왔음을 알린다.

관 속의 사람들은 사후의 심판으로 부활한다.

적십자는 원기를 회복하고 건강이 좋아짐을 의미.

모든 면이 조금씩 차차 좋아지고 있다.(희망)

정확한 판단으로 목표에 대한 믿음을 가져라.

모든 것을 알고 행동할 때 훨씬 더 많은 이익이 있음을
알게 된다.

– 새로운 평가.
– 새로운 시작.

가브리엘 천사이다. 천사가 죽음에서 구해주는 신호로 나팔을 분다. 관은 죽음. 묻혀있던 일이 외부에 드러난다. 결과가 끝났다고 생각했던 일이 다시 드러난다. 재평가 받는다. 질문내용이나 주변카드의 상황들이 재평가 받는다. 그동안 무시했거나 외면했던 것들을 생각해보라. 그러면 문제해결의 실마리를 발견할 수 있다.

▸ 가브리엘 천사는 긍정적 에너지를 주는 존재이다.
▸ 나팔은 심판, 판별, 광고, 소문 등을 의미한다.
▸ 흑백의 개념은 음양 즉 죽음과 삶의 경계를 의미한다.
▸ 가브리엘 천사는 대중들을 중재, 조절, 지휘하는 능력이 있다.

▷ 나팔은 환경변화를 나타내는 외부의 소리로 그동안의 일들이 재평가 받음을 나타낸다. 그 내용과 결과는 앞뒤의 다른 카드를 보면 알 수 있다.

▷ 나팔의 방향을 보고 여자에게 우선권이 있음을 알 수 있다.

▷ 외부환경 변화로 인해 그동안 감추어져 있던 일들이 드러난다.

▷ 십자가는 지수화풍의 4원소를 의미한다.

▷ 흰색은 순수함을 붉은색은 열정을 나타낸다.

▷ 산은 무의식과 잠재력을 나타내고 산 밑의 초지는 의식과 드러난 세계를 나타낸다.

• 심판카드는 강력한 재탄생의 상황과 에너지를 나타낸다.

• 이 카드에는 '마침내'라는 느낌과 안도감이 있다.

• 심판카드가 배열에서 나왔을 때는 우리는 이미 모든 장애물들에서 빠져나와 올바른 상황에 있다는 것을 알 수 있다.

• 심판카드의 주된 메시지는 그동안 배운 교훈에 맞추어 과거를 청산하고 새롭게 시작하며 그 교훈의 내용들을 받아들이라는 것이다.

• 심판카드는 궁극적으로 인간정신의 커다란 용기와 회복력, 인내와 끈기에 대한 찬사이다.

21. 세계

XXI. 세계(The World)

목표의 달성, 저명인사, 존경받는 직업.

마지막 완성, 여행, 취업, 최고, 절정, 해외유학.

노력한 대가를 최고로 보답 받는다.

연인관계의 좋은 발전을 나타낸다.

3카드 중에서 마지막에 나오면 최고의 운세.

마음이 넓고 노력형임을 나타낸다.

장애를 극복하고 훌륭한 일을 해낸다.

어인이 성공과 축하의 춤을 춘다.

찾고 있던 것을 발견하고 해피엔드를 맞는다.

영속성, 완벽함, 목적지 도달.

외국(World) 관련 질문사항에는 특히 더 좋다.

완전함, 행복, 성공에 대한 만족함 있다.

틀 안에 갇혀있다. 그러므로 고정관념을 버리자

길흉 ○○○

– 완성, 성취.
– 새로운 세계.

월계관의 매듭이 붉은색으로 단단히 매여 있다는 것은 완성을 말한다. 음양이 결합되었음을 말한다. 그것은 두 사람이 합쳐졌고 사이가 좋음을 말한다. 임신, 출산과 합일을 말한다. 홀 두 개는 상대되는 남녀의 상징이다. 선과 악으로 대립되는 문제가 무엇인지 파악하라. 보라색의 신성함을 몸에 두르고 있기 때문에 신성한 존재이다. 새로운 세계가 눈앞에 있으니 인내를 가지고 조금 더 노력할 것을 말한다.

▸ 심판카드의 재평가, 부활을 통해 완성됨을 나타낸다.

▸ 붉은색 리본이 꽉 매고 있음은 완성을 의미한다.

▸ 붉은색의 열정이 단단한 결합으로 감싸 쥐고 있다.

▶ 세계카드는 남녀합일의 완성이다.

▶ 음양과 사상의 완전한 조화를 의미한다.

▶ 임신, 출산, 결혼의 행복한 운세를 말한다.

▶ 보라색 천은 남녀합일을 통한 신의 축복을 의미한다.

▶ 사자, 송아지, 독수리, 사람은 4원소이다.

▶ 얼굴표정이 좋다. 이는 통달의 경지에서 편안함을 나타낸다.

▶ 음양합일로 상대성, 변화성, 공존성의 진리를 깨우쳤다.

▶ 보라색 휘장과 홀은 신성스러운 권위를 상징한다.

▶ 흑백, 음양 : 대비되는 개념 조화를 이룰 수 있다. 공평하다.

▶ 머리의 푸른색 띠는 지성으로 각성된 존재임을 말한다.

• 카드 배열에서 세계카드가 나오면 우리가 원하는 최종 목적지에 도달했다는 것을 알려준다.

• 세계카드는 목적의 달성, 성공적인 이야기, 목표의 실현과 성취 그리고 행복한 결말을 알려준다.

• 세계카드는 결말인 동시에 새로운 시작을 말한다.

메이져 카드 요약내용

No	이름	카드성격	키워드	직업	장소	건강	애정	금전
0.	바보	일의 시작단계로써 열정과 꿈은 가득 하지만 미숙하고 어설픈 시기.	미성숙 단순함	자유업 여행가 아르바이트	여관 해외 항공기 여객선	교통 사고 탈진 과로 위장병	미숙함 호기심 가벼운 연애	돈욕심 없음 사치 무계획
1.	마법사	재주가 뛰어나고 능수능란한 존재의 카드로써 임기응변에 강하다.	다재다능 능력자	협상가 기술자 연애인 의사	상가 도심지 연구소 길거리	어깨 걸림 비염 두통 다리 허리	능력자 인기 비전 재치 유머	능력 사업 수완
2.	여사제	굉징히 지혜로운 빈면 행동력이 크지 않고 다소 비밀스러움이 있다.	지혜 신비	성직자 학자 간호사 상담사	서점 독서실 병원 교회	여성 질환 성병 치질 어려운병	기다림 외로움비 밀스런 연애	부티는 나지만 돈은 없다
3.	여황	매력적이고 풍요로운 여성이며 어머니 같은 영향력이 있다.	여성적 영향력	주부 여성 관련업 의류 요리사	호화 상점 학교 백화점 유치원	비만 무릎 관절 부인병 두통	성적 매력 풍만 육체적 사랑	최고 운세 돈이 따름
4.	황제	부유하고 권위적이며, 강한 아버지 같은 느낌이다. 집안의 가장 느낌.	남성적 지배력	정치인 공무원 고위 간부 가장	국가기관 시청 부동산 특허청	노인성 질환 시력 저하 불면증	마초 독불 장군 이기적 연상남	최고 운세 돈이 따름
5.	교황	원칙과 도덕적 관념을 중시하며 전통을 중시한다. 선생님 느낌.	자비심 전통적	종교인 교육자 중개인 변호사	성당 사찰 교회 중개소 학원	목 디스크 탈모 어깨 결림	인자함 포용력 이해심 중재 중매	있어 보여도 그다지 돈이 없다
6.	연인	사랑과 우정이 여러 관계에서 나타나며 유혹이나 애정관계를 나타낸다.	사랑 연애	중개인 예술가 연애인 패션업	갈림길 박물관 예술산업 무대	심장 순환계 허리 다리질병	외모중시 유혹 삼각관계 소개	주변 인복

No	이름	카드성격	키워드	직업	장소	건강	애정	금전
7.	전차	전차를 타고 이동하는 것은 일의 진행이며 일이 신속히 되고 있다.	돌진 이동	운송업 여행업 군인 경찰 경호업	도로 경기장 주차장 무대	차멀미 전염병 근육통 무릎	소개 삼각관계 떠난 사랑 무식	이동수 일이 풀려 돈이 들어옴
8.	힘	겉으로 보이는 힘보다 내면의 힘이 강조되며, 인내가 필요하다.	내면의 힘	치과 간호사 조련사 운동 감독	헬스장 운동장 동물원 사막	치과질환 턱 근육 계통	힘든 과정 극복 인내	노력형 금전운 강한 생활력
9.	운둔자	지혜와 학식이 뛰어나다. 혼자 있는 성향이 강하다.	감정억제 신중함	교수 연구원 탐험자 고시생 수행자	실험실 양로원 동굴 지하 PC방	시력 건망증 골질환 고산병 노화	짝사랑 기다림 재미 없는 사람	돈이 별로 없다
10.	수레 바퀴	진행 중으로 결과를 기다리거나 같은 것을 반복 중일 수 있다.	반복됨 진행중	가업 영상분야 물리학자	교차로 카지노 놀이공원 증권사	순환계 질환 수족냉증	기약 없는 결혼운 관계의 전환	돌고 도는 금전운
11.	정의	신중하거나 공정하게 일을 처리 한다.	균형 공평	법조인 세무사 경매 분석사 평론가	법원 행정관서 회의실 시험장	눈 귀 신장 허리 비만 폐질환	신중 성실 혼전순결	안정적 소비 소비를 절제
12.	매달린 남자	발목이 묶여 있어 어떤 것도 할 수 없다. 잠시 묶여있는 상황.	정체기 희생양	사회봉사 요가 희생직업 상담업	휴식장소 병원 선술집 휴양지	다리 관절 약물 고혈압 갑상선	헌신 인내 정체 희생이 요구됨	바닥난 상태 가난함
13.	죽음	끝과 시작의 카드로써 힘든 상황이 끝나고 무언가 새롭게 시작한다.	종결 시작	의사 장의사 백수 도축업	방사선 장례식 철거 병원 재건	뼈 칼슘부족 큰질병 큰수술	잦은이별 이혼 재결 납치	바닥치고 다시올라 오는 운

No	이름	카드성격	키워드	직업	장소	건강	애정	금전
14.	절제	마음의 절제를 의미하는 것으로 활동성과 비활동성을 균형 있게 조절.	인내 결합	승무원 레저업 요식업 관리직	온천 공장 선박 통신센터 해외	순환기 장애 수족 수혈 방광	이심전심 저울질 미지근	지름신 조절하면 돈 따른다
15.	악마	끝없는 욕심과 집착으로 미련에서 벗어나기 힘든 상황.	속박 유혹	유흥업 도박 사채업 밤무대	유흥가 복권방 오락 정신병원	기관지 불면증 히스테리 중독증	의심 집착 폭력 비도덕적 불륜	돈의 노예 돈에 묶여짐
16.	탑	예상치 못한 큰 변화. 급격한 변화, 큰 사건을 의미 한다.	변화 충격	건설업 폭발물 응급의학 구조	종교시설 수술실 폐허 일터 건물	낙상 외과수술 생각지 못한 질병	이별 파경 이혼 잠수 혼란 변화	파산 금전바닥 심각한 손실
17.	별	어떤 상황 속이든 희망적 긍정적인 상태를 나타낸다.	희망 아이디어	예술인 연애인 아이디어 숙박업	식물원 미용실 자연보호 지역	부인병 생리통 불임 육체피로	애정의 시작 양다리 반하다	물처럼 나갔다 물처럼 들어옴
18.	달	애매모호 하고 불확실한 일과 알 수 없는 상황을 의미한다.	불확실 숨겨진	퇴폐업 안마사 사우나 점성가	영화관 저수지 레스토랑 항구	우울증 신경질 정신과 야맹증	내성 표현부족 변덕 양다리	돈이 막힘 모아가는 중
19.	태양	활기차고 부유하며 굉장히 긍정적이며 좋은 상황이다.	의욕 행복	아동상대업 교육업 유아원 유치원	더운나라 축제 놀이터 유치원	아토피 피부염 심장 호흡기	건전 인기 연하 이상적 헌신적	주변 인복
20.	구원	죽었다가 살아나는 형상으로 한 번의 실연이 있어야 하는 카드.	연락 결정	아나운서 성우 음악산업 공연	공연장 음악실 성지 사원	치과 잇몸 재발 호흡기 휴유증	재회 재혼 인내 기다림	힘든 상황 에도 다시 살아남
21.	세계	일 하나를 완성시켜 놓고 다시 새롭게 무언가를 시작하는 카드.	완벽 성공	무용 예술 외교 유학 외국어	박물관 도서관 아지트 외국	자궁질환 피로 순환기 혈압	매력적 행복 신혼 완성된	성공한다 돈이 따른다

03

수(數)에 대한 이해

03
수(數)에 대한 이해
TAROT CARD

I. 數의 原理

數는 세상의 근본이고 우주만상의 작용이며 우주생명 자체이다. 우주는 물질과 정신이라는 이원적 요소로 구성되어 있다. 생명은 그 존재가 무시무종으로 원(○)의 이치와 동일하다. 원은 零인데 영은 곧 무형의 생명력 그 자체이다. 고로 우주생명은 영(0) = 영(零) = 영(靈)인 동시에 자존유일이다. 즉, 대생명은 물질과 정신의 본원이며 우주의 근본이다. 따라서 우주 대생명력(大生命力)인 영(靈)은 영(零)인 동시에 하나가 되는 수의 요소가 된다.

어떤 생물을 과학적으로 분석하면 분자, 원자, 전자, 양자 등으로 분석하다 보면 결국에는 물량이 無, 즉 영(零)이 된다. 고로 물질은 과학적으로 볼 때 유한이 되는 것이다. 그러나 우주의 근원은 생명력인 영(靈)으로서 세상이 물질만으로 이루어진 것이 아니기 때문에 물질의 유한, 즉 영(0) 이상은 과학적(물질)으로는 분석할 수 없고 영적(정신)으로 풀 수 있는 것이다.

이렇게 볼 때 물질적 분화체인 零은 무한소이나 대생명의 전체로 볼 때에는 무한대라는 數의 법칙이 성립된다. 고로 수는 무한이 되는 것이다.

數는 소수법으로 무한소수가 나오게 되고 영(0)에서 1, 2, 3, …… ∞로 무한대수가 나오게 된다. 따라서 수는 우주실상의 본원이 되는 대생명력 영(靈)의 무한대, 무한소의 양적 법칙에서 기원하는 것이다.

정리하여 보면 無極은 太極이요, 太極은 1이고 또한 태극은 1양 1음인데 여기에서 무형의 수로 1에서 2가 나오게 되며, 1양이 태양과 소음, 1음이 태음과 소양이 되어 四象이 되고 四象이 八卦가 되며 이 속에서 5행이 나오고 5행이 生 만물하니 이렇게 하여 無에서 有가 창조되고, 이어서 수적으로 萬有가 형성되는 것이다. 고로 수는 우주 대원령(大元靈)에서 나오게 된 것이요, 우주의 실상과 실재가 數인 것이다. 따라서 수는 하늘의 이치와 법칙으로 만고불변의 철칙이며 그에 따른 각기 다른 고유의 영동력을 발휘하게 되는 것이다.

2. 기본수리 해설

기본수는 1에서 9까지이며, 10은 零數로 된다. 따라서 백, 천, 만, 억 아무리 큰 수라도 이 기본수의 연장된 대연수에 불과하다. 예를 들면, 273이라면 2백은 2의 대연수요, 70은 7의 연장수다. 273은 단지 2와 7과 3의 기본수에 의하여 연수로 된 것이다.

주역을 비롯한 모든 운명학은 수(數)를 기초로 하고 있다. 역학의 근본은 하도낙서인데 역시 1에서 9까지의 수이며, 성명학의 81수도 이 기본수인 9의 자승수, 즉, 9×9=81 수로 되어 있고, 우주만유 일체는 모두 이 81수의 논리 속에 포함되어 있다. 이 낙서는 하우(夏禹)시대에 우왕이 낙수에서 잡은 거북 등 위에 배열되어 있는 점선의 수에서 비롯된 것인데 이것을 낙서라고 한다.

이 그림의 숫자를 보면 1, 3, 7, 9는 양수로 되어 있고, 2, 4, 6, 8은 음수로 되어 있다. 중앙의 5수는 사방으로 통하고 있으며 이 중앙 5를 제외하고 어느 쪽으로 보나 합이 10으로 되어 있으며 5는 중앙에서 팔방(八方)을 통솔하고 있다. 역(易)에서는 이를 三天兩地라 하여 3양과 2음으로 구성된 중심수이다. 그리고 우왕으로부터 약 1천년 후, 주 문왕이 이 낙서를 기초로 해서 5행을 만든 것이 역학이며 그것이 오늘날의 주역이다.

이 낙서의 수를 9궁법이라 한다. 이 9궁수를 확대하면 9×9는 81수로 성립된다.

3. 기본수의 개념

가. 1

▸ 기본수, 기수, 陽, 시작, 조화, 생명, 출발, 독립, 남성적

  (1, 11, 21, 31, 41, 51, 61, 71, 81)

1은 만사의 기본이요, 일체의 시초이고 영구불변이며 절대부동의 기본수이다. 따라서 이 수는 시초격이요, 두수가 되며 집중 등의 뜻이 보유되어 있다. 고로 자연히 시작, 출발, 발전, 명예, 부귀 등의 유도력이 발생된다.

나. 2

▸ 偶數, 陰, 양과 분리되서 만들어짐, 분리, 변동, 유약, 수동성, 의존, 여성적

  (2, 12, 22, 32흠, 42, 52, 62, 72)

2는 1과 1의 합이요, 양과 양이 집합된 수로서 화합력이 결여되어 있으니 분리하기 쉬운 수이다. 따라서 불완전, 분산, 불구 등의 유도력이 발생 된다.

다. 3

▸ 伸長, 음양의 조화, 형성, 안정, 완성, 풍족

(3, 13, 23, 33, 43凶, 53, 63, 73)

3은 1양과 2음을 합한 확정수로서 일체 화합의 뜻을 보유하고 있으므로 자연적으로 권위, 부귀, 지혜 등의 유도력이 발생된다.

라. 4

▸ 2의 伸長, 생명을 형성하기 위한 분파 작용, 미정수, 분립, 파괴, 불안, 분산

(4, 14, 24吉, 34, 44, 54, 64, 74)

4는 2와 2의 음의 합수, 또는 1과 3의 양의 합수로서 화합치 못하는 수이니 분리, 분산, 파멸 등의 흉조를 발휘하여 파괴, 쇠퇴의 상으로 되고 곤고, 병란 등의 역경과 흉조의 암시력이 발생한다. 4는 발음으로 죽을 死가 연상되며 이것이 본래 4의 고유의 진동파장으로서 파괴와 흉조를 암시하게 된다.

마. 5

▸ 天數, 정립, 안정, 성취, 생명운동의 주체

(5, 15, 25, 35, 45, 55凶, 65, 75)

5수는 3양 2음의 화합력이 합성된 수로 중심에 위치하여 상하좌우를 통솔하는 수이기 때문에 당연히 만물을 생성할 수 있는 것으로 번영, 존귀, 덕망, 대업, 성취 등의 유도력이 발생된다.

바. 6

▸ 5와 대응되는 의미, 불안정, 대칭, 겨루기, 소극적

(6吉, 16吉, 26, 36, 46, 56, 66, 76)

1에서 10까지의 수는 개개의 음양은 물론 1, 3, 5, 7, 9가 양수요, 2, 4, 6, 8, 10이 음수다. 또한 1에서 10까지를 음양으로 대분하게 되면 1에서 5가 양이요, 6에서 10이 음에 속하게 된다. 따라서 5는 1에서 10 가운데의 양의 極이요, 6은

음의 시초가 된다. 그러므로 6은 계승, 음덕의 상이요, 온화, 두수(頭首)의 의미를 함유하게 된다.

그러나 또한 3과 3, 2와 4, 혹은 1과 5로 그 합수가 모두 음양화합의 조화를 결하고 있다. 따라서 분산, 파괴의 흉함도 나타내게 된다. 그런고로 6, 16까지는 길조의 암시력이 있으나 26, 36 이상수로 되면 변란, 파괴 등 극단적으로 흉한 기운이 발생한다.

사. 7

▸ 독립의 의미, 홀로서기, 강인한 정신력, 번성, 출세

(7, 17, 27[凶], 37, 47, 57, 67, 77)

7은 5의 성운과 2의 파괴운이 합한 수, 또는 3의 성운과 4의 흉운이 합한 수의 관계로, 내면에는 길흉이 두 극단의 영향력으로 자연히 강한 유도력이 생기며, 강력한 전진과 불굴의 기상이 발생한다. 7은 서양에서 가장 길하게 생각하는 수이다.

아. 8

▸ 발달격, 陰의 極, 陽氣로 변화, 태동, 변혁, 발달, 자수성가

(8, 18, 28[凶], 38, 48, 58, 68, 78[凶])

8은 파괴수인 4의 중복인 동시에 5와 3의 통솔 지덕이 합해진 수로 진취발전 지상(進取發展之象)이다. 노력과 용진의 유도력이 발생된다.

자. 9

▸ 끝의 의미, 완성과 도달, 성취와 은퇴, 안락, 휴식

(9, 19, 29흠, 39흠, 49, 59, 69, 79)

9는 양수의 마지막이요, 또 기본수의 궁극수인 고로 지력과 활동력은 강하나 종말을 당하게 되는 대재무용격(大材無用格)으로 고독 불우한 작용력이 발생된다.

차. 10

▸ 우수, 음극의 수, 無의 상태로 돌아감, 허무, 공허의 의미

  (10, 20, 30, 40, 50, 60, 70, 80)

10은 종결을 고하는 수로서, 음의 극이요 泰의 위치에 있는 수로 그 뜻이 공허무상이며 각 수 중에서 가장 흉한 유도력이 발생된다. 그러나 수의 순환은 우주의 법칙으로서 공허, 파멸, 종결은 다시 탄생의 시초가 되므로, 이 10수가 거듭될 경우 의외로 큰 발전을 하는 경우도 있다. 이 수는 서양에서 가장 꺼리는 수이다.

위와 같이 기본수만 보아도 각 수는 고유하고도 기묘한 작용력과 의미를 가지고 있음을 알 수 있다.

4. 서양 숫자의 의미

가. 1(Monad)

1은 하나임, 전일성을 의미한다. 전일성으로서의 '하나'란 이미 구별이 없는 상태이므로 있음과 없음의 구별도 불가능한 상태이다. 따라서 고대 수비학에서 1은 상징적으로 0의 속성을 내포하고 있다. 1은 차원이 없는 영원함, 절대성, 신성을 의미한다. 도형으로는 원, 점을 나타낸다.

나. 2(Dyad)

2는 최초의 분리와 구별을 나타낸다. 창조는 하나가 둘로 나뉘면서 시작된다. 2는 원초적인 대극을 의미한다. 모든 이원적인 것들, 낮과 밤, 여성과 남성, 땅과 하늘 등을 의미한다. 도형으로는 두 원이 교차하는 피시스, 그리고 거기서 만들어진 선분이 해당된다.

다. 3(Triad)

창조, 출발, 재통합을 의미한다. 둘로 분리된 하나는 다시 하나로 돌아가려한다. 다시 말해 분리된 것들이 합일되고자 한다는 것이다. 그러나 일단 분리를 거친 후에 다시 통합된 것들은 원초적인 통일성과는 다르다. 3은 분리에서 통합으로의 과정이 처음으로 일어나는 것을 의미한다. 모든 종교권에 나타나는 삼위일체의 신격, 변증법적 종합 등은 3으로 해석된다. 최초의 종합의 수이므로 1을 내포한다. 도형으로는 삼각형이며, 원 안에 내접하는 정삼각형으로 표시된다. 출생의 문을 의미하기도 한다.

라. 4(Tetrad)

최초의 물질, 깊이, 땅(흙)을 나타낸다. 도형으로는 사각형, 정사면체 등이다. 공간 안에 존재하는 4개의 점은 최초로 공간을 나타낼 수 있는 개수이다. 4는 3을 거쳐 탄생된 최초의 물질이다. 물질로 존재하는 것들은 4로 표시된다. 최초의 4방위, 위, 아래, 좌, 우 등의 기본 공간 관념이 4로 나타난다.

마. 5(Pentad)

물질에 구현된 최초의 생명원리이다. 오각형, 오각별, 나선형, 아름다움을 의미한다. 5와 아름다움의 관계는 피보나치 수열과 황금비례의 관계로 나타난다. 오각별은 마법의 별로 알려져 있는데, 그 도형이 자연에 생명 있는 것들 속에 나타나는 비례관계를 나타내고 있기 때문이다. 정신과 물질의 매개 원리를 나타내는 수이다.

바. 6(Hexad)

구조, 질서, 안정성, 이원적인 것들의 결합을 나타낸다. 꼭짓점이 아래로 향한 삼각형과 위로 향한 삼각형이 합쳐져 만들어진 육각별은 입문자의 상징이다. 불안정한 두 개의 삼각형이 결합되어 만들어 내는 조화를 의미한다. 입문으로서의 영적 결혼을 의미하기도 한다. 측정과 관계된 수로서 12개월, 24시간,

360도 등 6과 관계된 수들은 전체적이고 원환적인 것들을 안정적으로 나누는 수이다.

마. 7(Heptad)

물질에서 정신으로 최초의 초월과 관계된 수이다. 고대에는 처녀의 수라 불렸다. 1에서 10까지의 수 중 다른 어떤 수와 관계를 맺지 않기 때문이다. 물질계에서의 초월은 7단계를 통해 이루어진다. 그노시스트들은 인간의 영혼이 7개의 천구를 거쳐 천상계에 도달할 수 있어야 해탈이 가능하다고 보았고, 피타고라스 시대에 나눠진 서양 음계는 7음계이며 뉴턴이 정립한 빛의 스펙트럼의 단위 역시 7개이다. 1에서 시작된 분리의 분화와 창조의 과정은 6에 이르러 일단락된다. 7은 그 다음 단계이다. 그러나 7은 그 뒤의 8, 9, 10의 계열에도 속하지 않는다. 홀로 있는 수, 어디에도 소속되지 않는 수이다. 360은 1에서 10까지의 모든 수로 나눠지지만 7로 나눌 수 없다. 7은 스스로 안정되어 다른 수의 계열에 속하지 않으면서 조화로운 것들을 관장하는 수이다. 신성한 빛과 소리의 수이다.

아. 8(Octad)

재생, 공명, 만물을 키우는 위대한 어머니 등을 의미한다. 2×2×2, 4×2로 나눠지므로 두 수와 관계된다. 8이 위대한 어머니의 수로 여겨지는 것은 최초로 여성수인 2의 세제곱이기 때문이다. 세 곱절이란 세 배로 우월하고, 세 배로 위대하다는 것이다. 대지의 여족장이라 알려진 고대의 '키벨레'여신의 수이다. 공명은 서로 같으면서도 다른 것들의 울림을 의미한다. 예를 들어 아래 '도' 음정과 위 '도' 음정은 8번째 음계에서 공명한다.

자. 9(Ennead)

유한과 무한 간의 경계를 의미한다. 1에서 출발하여 또 다른 1인 10에 도달하기까지의 여정 중에 마지막 단계이므로 9를 넘어가면 다른 차원으로 간다고 생각되기 때문이다. 3×3이므로 3배로 신성한 수, 치유의 수로 여겨지기도 한다.

차. 10(Decad)

새로운 시작, 새로운 1이 시작되는 수이다. 완성과 새로운 시작을 의미하므로 완전수라 한다. 불(1), 공기(2), 물(3), 흙(4)이 합쳐진 수로 자연 속에 여러 사물들이 발현되어 구체화된 것을 나타낸다. 카발라에서 창조는 10개의 세피롯으로 구조화된다.

04
색(色)에 대한 이해

1. 색의 상징적 의미

04
색(色)에 대한 이해
TAROT CARD

1. 색의 상징적 의미

가) 적색

- 긍정적 의미: 따뜻함, 정열, 관용, 사랑, 순교, 신의, 용기, 에로스, 성욕, 결합, 애정, 생명력, 능동적, 추진력, 강력한 부.
- 부정적 의미: 파괴, 자극, 투쟁, 반란, 위험, 폭발, 충동, 상처, 출혈, 고통, 부상, 희생, 과용, 과소비.
- 키워드: 야망을 가져라, 목표를 이루어라, 행동하라.

나) 분홍색

- 긍정적 의미: 활기, 책임, 애정, 보호, 양육, 사랑을 받고 줄 때.
- 부정적 의미: 의존적, 회피, 연약함, 사랑을 주세요.
- 키워드: 사랑을 받고 싶다, 사랑을 주고 싶다, 남을 돌보아 주고 싶다.

다) 황색 노란색

- 긍정적 의미: 영광, 힘, 부, 표시, 성숙, 희망, 수확물, 현실적인 부.
- 부정적 의미: 실망, 경계, 위험, 우유부단함.

- 키워드: 어울린다, 참가하고 싶다, 하고 싶다.

라) 갈색

- 긍정적 의미: 생명력, 안정, 설득력, 성실, 근면, 청빈, 단순, 소박, 땅을 의미.
- 부정적 의미: 빈곤, 둔감, 진부함, 강박관념, 노이로제, 차가움.
- 키워드: 나의 손을 보라, 항상 하는 일이 즐겁다.

마) 녹색

- 긍정적 의미: 희망, 생명, 진정, 젊음, 애정, 이완, 조화, 균형, 자율적, 휴식, 성장, 자연.
- 부정적 의미: 저항력, 상실, 긴장.
- 키워드: 병이나 가난을 상담해 주며 도와주고 싶다.

바) 파란색

- 긍정적 의미: 상쾌함, 깔끔함, 자제, 적응, 정직, 이성, 생각, 통찰, 신성함.
- 부정적 의미: 가벼움, 경박함, 스트레스, 피곤함(하늘색).
- 키워드: 믿음직한 인물이나 의사 결정자가 되고 싶다.

사) 자주색

- 긍정적 의미: 존엄, 정의, 고귀함, 위엄, 예술성.
- 부정적 의미: 내성적(지나침), 소심함, 예민함.
- 키워드: 감정을 솔직히 표현하여 얼마나 위대한지 인정받고 싶다.

아) 보라색

- 긍정적 의미: 조화, 치유, 성스러움, 헌신, 겸손, 신비, 마법, 직관, 지혜, 조화의 색깔, 마니아(빨강+파랑).
- 부정적 의미: 억압된 감정, 불안정, 의욕상실, 긴장, 초조, 성가심, 포기,

방해, 정신분열 (빨강과 파랑이 서로 싸움).

- 키워드: 직관력이 있지만, 격려의 날이 필요하다.

자) 흰색

- 긍정적 의미: 처녀, 순결, 순수함, 새로운 시작, 끝, 처녀의 신성함, 깨달음, 초월, 깨끗함.
- 부정적 의미: 은폐, 방어, 비움, 황폐함, 뭔가 숨김.
- 키워드: 깨달음을 얻어라, 순수해져라.

차) 검은색

- 긍정적 의미: 나쁜 것에 대한 죽음, 끝, 그림자, 시간.
- 부정적 의미: 억압, 억제, 반항, 항의, 슬픔, 죽음, 결핍, 불안, 악, 절대적
- 키워드: 침묵하라, 현실에 충실하라.

05
마이너 카드

~ 05 ~
마이너 카드
TAROT CARD

cup(컵-물): **감정과 사랑**

- 사랑, 우정, 대인관계 등과 같은 면을 다룰 때 등장한다.
- 애정, 감정, 꿈, 가족 등을 나타낸다.
- 시간으로는 며칠(days)을 의미한다.
- 컵은 감정과 관련된 모든 것을 담는다.
- 행복의 모든 범위를 다룬다.
- 인생의 쓰라린 시련과 정서적 고통, 불행을 나타낸다.
- 인간관계문제를 다룰 때 특히 중요하다.

wand(지팡이-불): **지성과 직관**

- 지팡이는 심리학적인 용어로 직관을 나타내는 에너지다.
- 창조력의 생기, 상상 등과 관련되어 있다.
- 시간으로는 몇 주(weeks)를 의미한다.
- 활기찬 생명력과 성장 잠재력이 있음을 암시한다.
- 새로운 삶이나 성장을 의미한다.
- 창의적이고 예술적인 능력, 직관력을 지배하는 힘이다.
- 에너지, 추진력, 성장 잠재력을 나타낸다.

sword(검-바람): 이성과 진실

- 검이란 사실 사용하지 않아야 좋은 것이다.
- 패배, 곤란, 손실, 이별과 배신을 나타낸다.
- 시간으로는 몇 달(months)을 의미한다.
- 검은 궁극적으로 남성적인 힘과 용맹성을 상징한다.
- 검은 공격과 방어, 정신적인 문제들을 암시한다.
- 검은 벨 수 있고 상처를 입힐 수 있다.
- 그래서 정서적인 상처와 고통 싸움을 상징한다.
- 용기와 의지가 부족하여 행동하지 않음으로써 야기되는 문제들을 상징.
- 갈등, 고통과 번뇌. 노여움. 수많은 언짢은 감정들을 나타낸다.

pentacle(오망성-흙): 욕망과 현실

- 흙은 우리들에게 물질적인 기반을 제공하는 중요한 요소이다.
- 우리들의 생각이 현실화될 수 있는 기반을 찾을 수 있는 곳이다.
- 시간으로는 몇 해(years)를 상징한다.
- 펜타클은 하나의 연속선 상의 보호를 상징한다.
- 금전적이거나 실제적인 문제와 관련이 있다.
- 돈과 자원을 어떻게 모으고 소비하고 지출하고 사용하는지를 설명한다.
- 돈과 물질세계에 관한 것을 상징한다.

I. 마이너 카드의 구성

마이너 카드의 각각의 구성은 다음과 같다. 번호는 1~10까지 붙어져 있으며, 나머지 4개는 소년(page), 기사(knight), 여왕(queen), 왕(king)이다.

- **ace**: 숫자 1은 창조적인 힘과 잠재력을 나타낸다. 기본적인 숫자이다. 생기에 넘치는 일이 새롭게 시작됨을 암시한다. 타로카드에서는 숫자 1 대신에 ace라고 붙여져 있다.

- **II**: 대립물을 나타낸다. 아직 완성되지 않은 창조적인 힘 또는 힘의 균형을 암시한다.

- **III**: 성장과 확장의 숫자. 최초의 완성의 숫자. 첫무대가 달성됨. 협력의 결실이다.

- **IV**: 현실, 논리, 이성(理性)의 숫자. 인간의 마음─육체─영혼─물질적인 면의 형성을 나타낸다.

- **V**: 불확실성의 숫자. 때로는 역경을 의미하기도 한다.

- **VI**: 평형, 조화, 균형의 숫자. 하늘의 정신과 땅의 육체와의 균형의 상징이다.

- **VII**: 지혜, 순환 주기의 완료. 어떠한 단계의 완성을 말한다.

- **VIII**: 대립되는 힘의 균형. 구폐(舊弊)를 제거하고 새롭고 신선한 것으로 만든다.

- **IX**: 다른 숫자들의 힘을 합친 것. 10의 완성 이전의 기초를 형성한다.

- **X**: 완벽함을 상징. cup과 pentacle은 행복과 기쁨의 최고 단계이다. sword와 wand는 심판과 시련을 상징한다.

- **page**: 10대 소년을 의미. 발랄하고 생동감 넘친다.

- **knight**: 20~30대 청년을 의미. 활동력과 움직임을 나타낸다. 젊은이로서, 자신의 이상을 위하여 열심히 노력하는 탐구자이다.

- **queen**: 30~40대 중년을 의미. 실질적이며 현실적인 감각을 지닌 여성적인 권위자를 나타낸다.

- **king**: 50~60대 장년을 의미. 남성적이며 자신감 넘치는 지배자를 나타낸다.

2. 마이너 카드의 의미

마이너 카드는 자유의지의 카드이다. 도전과 성공이 바로 자신에게 달려 있다는 말이다. 마이너 카드는 삶의 일상적인 사건들을 다룬다. 카드들은 긍정적이든 부정적이든 자신에게 영향을 끼치는 다양한 모습을 보여준다. 마이너 카드에는 컵, 지팡이, 검, 오망성이 있다. 각 조는 1부터 10까지 이어진다. 숫자 1에 해당하는 에이스는 새롭게 시작하는 것을 말한다. 각 조의 힘과 에너지는 에이스일 때 가장 강력하다. 5는 중요한 전환점을 나타낸다. 이때부터 상황이 바뀌기 시작한다. 10은 마지막을 가로지르는 것을 의미한다. 대부분 겉으로는 성공을 나타내지만 그래도 조심해야 한다. 마지막 선을 넘어설 때는 모든 것을 주의 깊게 살펴야 한다.

궁정(인물)카드는 조별로 같은 이야기를 나타낸다. 무지에서 경험을 쌓아가는 인간적인 특성을 갖고 있다. 각 인물들은 특정한 나이와 성별을 나타내기도 한다. 그래서 왕은 노인, 즉 아버지이고, 기사는 무모한 젊은이라고 생각한다. 그러나 틀에 박힌 특징에 얽매이면 안 된다. 우리들은 누구나 왕처럼 현명한 조연을 할 수 있다. 또한 앞뒤 안 가리는 기사처럼 충동적으로 행동할 수도 있다.

소년은 열정적이고 호기심이 많다. 하지만 종종 조용히 사색에 잠기기도 한다. 기사들은 모두 말을 타고 있다. 말은 행동과 움직임을 나타낸다. 기사는 정열적이며 탐구적이다. 여왕은 사려 깊고 통찰력을 지닌 균형 잡힌 성숙한 사람을 의미한다. 여왕은 다른 사람들을 돌봐주고 보살핀다. 각 조의 왕은 경험과 권위를 나타낸다. 왕 카드는 유익한 정보를 준다. 어떤 상황에서든 감정을 잘 이용한다.

3. 4원소란?

고대 서양의 철학가들은 필수 에너지인 4원소가 균형 있게 지구를 구성하고 있다고 생각했다. 4원소는 물, 불, 바람, 흙을 말한다. 인간도 모두 이 4원소로 이루어져 있다고 생각하였다. 각 원소는 마이너 카드의 각 조와 하나씩 연관되어 있다. 4원소는 바로 인간을 인도하는 힘으로 물(컵), 불(지팡이), 바람(검), 흙(오망성)이다.

1) 물(감정과 사랑)

물은 우리를 깨끗하게 하고, 정화시키며 우리의 삶을 지탱해주고 우리에게 위안을 준다. 우리의 몸과 지구는 70%가 물로 이루어져 있다. 물은 생명의 지혜를 상징한다. 또한 우리의 영적인 면과 직관적인 면을 나타낸다. 삶의 생명력은 컵에서 컵으로 흐른다. 컵에는 우리의 삶에 감정과 영성을 불어넣는 물이 있다.

2) 불(지성과 문명)

불을 이해하고 다룰 줄 알게 되면서 인간은 문명을 향해 전진해왔다. 불에는 요리를 하고 길을 밝혀주는 지식와 기술과 에너지가 있다. 불은 인간에게 도움을 줄 수도 있고 해를 줄 수도 있다. 불은 가만히 있지 않고 언제나 활동적으로 움직인다. 또한 불은 지구를 지배하는 태양의 에너지를 나타낸다.

3) 바람(이성의 힘)

공기가 없다면 우리는 살 수 없다. 공기는 피할 수도 없는 것으로 어디에나 있다. 우리를 둘러싸고 온 사방에 널려 있는 공기는 우리가 살아갈 수 있게 한다. 우리는 공기의 힘을 이용하는 방법을 찾아왔다. 바람을 이용해서 동력을 만들어 많은 기계에 활용하기는 하지만 공기의 작은 부분만 이용할 뿐이다.

4) 흙(물질적 욕망)

필요한 자원을 주는 흙은 우리에게 균형과 조화의 교훈을 가르친다. 흙은 우리 삶의 물질적 토대이다. 바탕을 이루는 것으로 안정적이길 바란다.

4. 컵 카드(Cups): 감정과 사랑의 상징

컵은 물을 상징한다. 영혼의 문제이며 인간의 마음과 감정과 감성에 깊이 관계된 요소이다. 컵은 무의식의 문제이며 정신적이며 공상과 종교성을 나타낸다. 대인관계의 다정다감함과 사랑과 우정과 축하의 문제들이다. 컵 카드는 지팡이 카드 보다 애정 문제만 약간 강하고 나머지 운세는 비슷하다. 컵 카드는 종교와 교육과 인간의 희노애락을 상징하며 여성적 정서와 아이와 자연과 교감하는 인간의 감성을 나타낸다. 컵은 사랑과 감정을 담는 그릇이다. 가장 원초적인 사랑과 기쁨과 고통과 슬픔을 나타낸다. 그러므로 인간관계의 문제를 질문할 때, 예술과 감성적인 부분을 알고자 할 때 깊은 무의식의 느낌과 의지를 나타낸다.

CUPS(물)

컵은 고민, 감성, 감정, 여름, 게자리(♋), 전갈자리(♏), 물고기자리(♓). 감정의 반응이 발달, 분위기에 민감하고, 동정심 있고, 정서적 교감을 갈구. 안전을 확인하려는 욕구가 강함. 물을 상징, 연민, 동정, 차가움, 차분함, 심해지면 우울함, 냉정함, 생명의 근원, 외로움, 성욕, 사랑, 출산 등을 나타낸다.

1. ACE OF CUPS: (yes-○ ○ ○)

▶ 순수한 감정

- 큰 만족과 기쁨으로 매우 좋은 운. 연애의 시작, 깊이 사랑에 빠진다.
- 예술 또는 음악에 대한 감수성. 풍요와 영광의 상징. 출산의 행복.
- 물줄기가 넘쳐서 인간의 오감을 만족시킴. 사랑과 영성의 에너지.
- 예체능에 소질이 있고 성격이 부드럽고 유연하다.
- 승진운. 현명한 조언. 다정다감. 뜻밖의 즐거움이 기다리고 있다.
- 무조건적이고 순수한 사랑, 연애사건, 풍부한 모성애, 기쁨, 아름다움, 넘치는 친절, 우호적인 분위기, 강력한 감정의 분출, 순수하고 충실한 대인관계로부터 발생하는 혜택 등을 의미한다.

성배, 축복, 감성, 컵의 M과 W는 남자와 여자를 의미, 애정운이 아주 좋고 결혼운도 좋다. 사업운은 조상이 도와준다. 오른손의 성배는 남성을 상징하고 신선함, 도움을 말하는데 구름은 주변에 함정이 있음을 말한다. 5개의 물줄기는 5가지 감각과 영혼의 힘과 감성과 무의식을 상징한다. 오감이 뛰어나다. 무의식과 감정의 영향력이 크다. 26개의 요드는 신의 축복을 말한다. 연꽃은 부처님, 연못은 감성, 비둘기는 성령. 많은 축복, 웃음, 기쁨, 감정의 시작, 임신, 좋은 궁합. 황금색은 태양의 에너지로 성스러운 존엄의 상징이다.

2. TWO OF CUPS: (yes-○○)

▶ 연애와 결혼

- 연애시작. 사랑의 시작. 청혼. 상대방과 교감. 갈등해소. 우정. 결합.
- 사자와 지팡이는 성공을 의미하고 계약의 성립을 알린다.
- 반가운 소식이 온다.
- 갈등하지 말고 받아들이는 게 낫다.
- 상호 협력적이고 보완적인 인간관계, 사랑의 시작, 열정, 연합, 계약, 이해, 협동, 결혼, 화합을 통한 새로운 창조력의 발휘.

컵의 교환은 조화를 말한다. 남녀 합일, 섹스, 행복한 연인, 임신, 출산, 주고받음, 감정의 구분이 애매모호. 컵을 나누고 남여가 옷을 바꿔 입고 있으므로 감정의 교환이 이루어져 서로의 입장을 이해한다. 날개달린 사자는 태양과 용맹과 힘과 존엄의 상징이다. 뱀 2마리는 치유의 상징으로 대립과 갈등으로 컵을 뺏으려하는 상황이 생길 때 치유한다. 집은 가꾸어야 할 가정과 안정과 보호자인데 멀기 때문에 시작한다는 의미이다. 길이 안 보이므로 해도 후회 안 해도 후회할 수 있고 좋은 반면에 나쁜 일도 있을 수 있다. 여자는 지적 상징으로 냉정한 판단을 하며 푸른 옷은 이성적 판단과 지식으로 머릿속이 꽉 차있음을 말해준다. 남자는 분홍색으로 환상과 꿈에 젖어 냉철하지 못하고 이성적이지 못하다.

3. THREE OF CUPS: (yes- ○ ○ ○)

▶ 행복의 시간

• 축하받을 일이 생긴다. 굉장히 좋은 일이다.

• 서로 다른 사람들이 힘을 합쳐서 뭔가를 이루어 낸다.

• 조화와 협동으로 어려움을 극복한다. 건강이 회복된다.

• 남들에게 잘해주고 협동심도 강하다. 화해와 타협으로 잔치를 벌인다.

• 뜻하지 않은 상대를 만나 동업이 순조롭게 진행된다.

• 꽃과 풍성한 과일은 결혼, 행복, 만족스런 결과, 탄생, 성취, 타협.

• 감정적 성장, 위안, 문제의 해결.

컵을 들고 있으므로 감정일치가 되어 뜻이 잘 맞고 조화를 이룬다. 3명은 신성함을 의미하고 뜻이 잘 맞고 감정이 통한다. 과일은 술안주이다. 채소밭은 풍요롭고 넉넉하다. 직위개념은 동등하다. 붉은 옷은 열정, 흰 옷은 순수, 노란 옷은 풍부함과 넉넉함을 상징한다. 남녀개념은 여자는 머리가 길고 장식이 있고 남자는 뒷모습에 머리가 없는 것으로 알 수 있다. 동성애 카드로 여자들의 감정이 애매해 보이고 쓰리 썸의 특이한 관계를 맺을 수도 있다. 결혼 피로연. 승리. 만족. 뜻이 맞는다.

4. FOUR OF CUPS: (no-✕✕△)

▸ 권태와 피로

- 권태의 상징. 연애운이 없다. 애정에 관심이 없다.
- 컵 1개의 기회를 주니 있는 것도 귀찮다고 한다.
- 인생의 침체기로 지루하고 게으르고 피곤하고 재미없다.
- 3개의 컵은 과거의 실패의 경험으로 헤어짐을 말한다.
- 혐오, 실망, 쓰라린 경험을 나타낸다.
- 자신과 환경과 사물에 대한 과거의 재평가, 싫음, 피로감, 지침.

구름에서 나온 컵은 감정의 고민이다. 눈앞에 3개의 컵은 3명을 만나는 것
보다 다른 한 명을 만남을 의미한다. 새로운 애인이 등장하나 고민한다. 우유부
단한 성격으로 4다리를 걸치고 있다. 옛날의 3명과 현재 나타난 다른 한명을 놓
고 고민한다. 컵이 쉽게 다가서지 않으므로 별 볼일 없다. 구름 손에 크게 흥미
를 느끼지 못하므로 재미없다. 오랫동안 많은 정성과 공을 들여야 한다. 속옷은
붉은색이고 겉옷은 회색이니 결단을 쉽게 못한다. 마음은 푸른 초지처럼 착하
다. 자신의 생각을 자신이 정리, 판단, 해결해야 한다.

5. FIVE OF CUPS: (no-× ×)

▶ 진실함이 없는 우정·사랑

- 연애관계는 깨진다. 무조건 안 좋다. 애정 없는 형식적 관계로 행복하지 않은 결혼생활을 말한다.
- 쓰러진 컵은 실패를 말하는데 강과 다리는 버리지 못한 미련을 나타내고 검은색 옷은 죽은 사람에 대한 애도를 뜻한다.
- 정신적인 집착, 부분적 상실, 불완전한 동반자 관계.
- 정신을 차리고 뒤를 돌아보면 아직도 2번의 기회는 남아 있다.
- 부분적인 손실, 후회, 진실함이 없는 우정, 사랑 없는 결혼, 불완전한 결합으로 인한 갈등.

감정의 컵 3개가 쏟아져 있다. 연두색 액체를 담을 수 없듯이 엎질러진 감정은 담을 수 없다. 사랑과 열정과 화합이 쏟아졌으니 배신이다. 등 뒤의 컵 2개는 멀리 튼튼한 다리를 건너 집으로 돌아가고 있다. 주변에 챙겨야 할 일이 많으니 좌절하지 말고 좋은 걸 가지고 살아라. 얼굴이 보이지 않는다. 다툼, 이혼, 상실, 배신, 슬픔. 비탄에 빠져 고개를 못 들고 있다. 검은색 망토는 슬픔과 좌절을 나타낸다. 대판 싸우고 부인과 헤어졌지만 자식은 잘 키웠다. 감정을 다스려라. 튼튼한 다리를 건너면 행복한 집과 감정(물)이 있다.

6. SIX OF CUPS: (yes no 아니다 △)

▸ 빛바랜 과거의 추억

- 어린 시절의 추억, 과거에 알고 있던 사람, 꿈 많고 순진하고 착하다.
- 과거의 노력이 보상으로 되돌아오기도 한다.
- 중단되었던 사업이나 일이 재개되고 직장에서는 승진 가능성도 있다.
- 향수. 예전의 추억. 흐려진 이미지. 그러나 과거로 돌아갈 수는 없다.
- 옛 친구를 찾아가 보라. 해답을 얻을 것이다.
- 과거의 영향력, 희미해진 것, 지나간 세월, 빛바랜 기억.

붉은 옷이 작은지 큰지 잘 모른다. 내 감정이 과거로 돌아간다. 추억과 회상의 옛날이 좋았다. 옛 애인을 만난다. 오래전 헤어진 사람을 만난다. 옛 감정이 되살아난다. 부부 싸움을 할 때는 처음을 생각하고 좋은 감정으로 돌아가라! 백합은 순수함을 나타내고 붉은 옷의 큰 아이가 키 작은 어른과 서로 생각을 맞춘다. 즉 어른과 아이가 눈높이를 맞춰 감정을 나눈다. 뒤의 창을 든 남자는 붉은 옷 입은 사람의 머릿속 생각, 옛날 어릴 때의 세파에 물들지 않은 순수하고 신성한 감정이 좋았다. 노란 컵은 현재의 상황이 힘든 것을 나타낸다.

7. SEVEN OF CUPS: (no-ⅩⅩⅩ)

▶ 착각 속의 성공

- 망상, 공상, 구름위의 환상, 착각속의 성공, 원하는 바를 정확히 모름.
- 현실감각이 없고 이 생각 저 생각으로 꿈만 많다.
- 실체가 없는 착각 속의 꿈에서 깨어나라. 현실적 판단력이 필요하다.
- 직업적으로는 일에 성과가 없다. 연애는 짝사랑이나 상상연애이다.
- 이 카드는 안 좋은 카드로 이런 상황이 장기간 계속되면 힘들어진다.
- 환상, 상상, 백일몽, 변덕스런 생각, 마음속의 여러 가지 소망들.
- 창조적인 영감과 허무한 공상은 차원이 다르다. 그러므로 실질적인 태도를 취해야만 뛰어난 영감을 현실화시킬 수 있다.

갖고 싶은 것이 구름 속에 7개인데 사람이 실체 없는 검은색의 그림자처럼 보이니 선택의 어려움이 있다. 선택하려는 왼손은 보이지 않고 손이 불분명하므로 선택이 어렵다. 뱀은 지혜롭고 성스러운 존재, 오지 근무는 좋은 일자리로 남들이 위험하다고 생각하는 것이 오히려 도움이 될 것이다. 여자는 예쁘다. 신성함을 선택했을 때는 불분명하고 불확실하다. 도룡뇽은 위험한 것의 선택이고 남들이 보기에 좋으나 월계관 밑 해골 마크는 영광의 길에 마가 낄 것을 암시한다. 그러므로 화려해 보이지만 위험할 수 있다.

8. EIGHT OF CUPS: (no-X△)

▶ 버려진 과거의 성공

- 성공이 눈앞에 있지만 돌아선다. 겸손한 사람으로 망하지는 않는다.
- 결혼이 직전에 취소된다.
- 새로운 것을 추구하기 위해 외롭고 험난한 길을 멀리 떠난다.
- 우울한 달빛은 한동안 가족이나 친구들을 떠나있음을 말한다.
- 컵 8개는 80세의 노인. 맞서지 말라. 남 좋은 일시키고 후회한다.
- 노력과 희생에 걸 맞는 새로운 일의 추구. 노력의 포기, 실망, 겸손, 과거에 대한 환멸감, 어떤 일의 종료와 새로운 일의 시작을 알림.

컵 8개는 재산, 집 등 이루어놓은 성과. 등을 돌리고 이루어 놓은 것을 미련 없이 버리고 가나 오르막길을 오르고 있어 평탄치만은 않다. 그러나 붉은 옷은 힘들지만 열정으로 가겠다는 마음이다. 태양은 편안하게 살았는데 왜 고생을 하느냐는 새로운 일에 대한 잔소리이나 달이 남들이 잔소리해도 신경 쓰지 말고 가라고 새로운 선택이 너한테 좋다고 말한다. 달과 태양은 음양의 조화와 축복. 컵은 사업과 직위와 명예, 붉은 옷은 정열, 녹색바지는 노련함과 풍부함, 오르막길은 편하고 쉬운 길이 아님, 지팡이는 감정, 열정, 떠나는 마음. 태양이라는 주위의 비난이 컵을 비춘다. 그러나 그 비난을 달이 가려준다. 그러므로 너를 비난할 사람은 없을 것이다.

9. NINE OF CUPS: (yes- ○ ○ ○)

▶ 감정적·물질적 소망의 카드

- 물질적인 이익 달성. 행복. 부유. 성공. 만족. 소원성취. 승리.
- 건강이 좋아짐. 어려움이 극복됨.
- 돈을 많이 벌고 상인으로서 명예가 높다.
- 거만한 부자. 바라던 목표를 완성한다.
- 주지도 받지도 않은 손. 준비는 되었지만 아무도 없는 상태이니 욕심을 버리고 하나만 선택하라.

자수성가로 이루어 놓았다. 아주 만족스러운 표정을 짓고 있다. 그러나 나무의자에 앉아있으므로 귀족은 아니다. 그러므로 자기만족이다. 표정은 만족스럽고 체격은 풍만하며 붉은 모자색은 열정적이나 팔짱을 끼었으므로 생각보다는 마음을 닫고 있다. 나무의자는 자수성가한 작은 부자로 자아도취하여 자기 생각에 만족하고 있음을 나타낸다. 생각이 여유 있고 넉넉하다. 옷의 세로줄 무늬는 뚜렷한 자기 생각으로 남의 말을 잘 듣지 않음을 말한다. 컵과 등 뒤의 후광은 여러 사람에게 행복을 나누어 주는 사람으로 인기가 있음을 말한다.

10. TEN OF CUPS: (yes ○ ○ ○)

▶ 안락한 가정의 만족

- 무지개 컵은 행복한 가정과 보장된 미래를 말한다.
- 명예롭다. 남들이 부러워한다.
- 생각했던 꿈이 이루어진다.
- 성격이 원만하여 모든 일에 만족한다.
- 춤추는 아이들과 단란한 가정은 만족의 상징이다.
- 원만하고 편안한 상태. 원하는 이상형. 데이트 신청. 프러포즈.
- 무지개 컵은 단란한 가정, 즐거움, 평화, 사랑, 만족, 존경, 미덕, 명예 등을 나타낸다.

온 가족 행복하게 잘 먹고 잘 산다. 행복의 상징, 컵10은 완성, 축복, 행복, 행복한 감정, 단란한 가정을 의미하며 모두가 행복하다. 행복한 관계. 화목한 가정. 성공과 설취. 지속적 성장과 만족. 재결합. 재혼. 두 가족의 결합. 두 팀의 협동. 인간 사랑의 위대함. 평화유지. 우정과 행복의 완성을 이루다.

11. Page of Cups(컵 소년): (yes no 아님△)

▶ 창조적 상상력

- 소년소녀, 10대. 유익한 아랫사람.

- 좋은 아이디어. 새로운 마케팅. 마음의 변화. 명상. 도 닦는 일.

- 일반적인 긍정. 매력적인 순수한 사람. 예술적 기질.

- 연애운은 호기심이 있어서 바람피운다.

- 새로운 감정과 행동의 시작, 부드럽고 낭만적이며 감수성이 예민한 젊은 이, 점성술에서의 게자리의 성격을 나타낸다.

소년은 아직은 미숙하다. 컵에서 물고기(감정)가 나온다. 컵에서 물고기가 나오니 임신, 출산, 새로운 예술품의 창조, 창작 등을 의미한다. 어리다. 여성적 감정, 창조적, 새로운 발명, 예술품, 감정이 튀어나오다. 예술적 기질 있다. 옷의 꽃은 자아도취감과 어린 마음을 말한다. 컵만 바라보고 있기 때문에 감정에 빠져서 헤어나기 힘들다. 푸른색 모자를 두른 것은 영적, 지적 능력을 나타낸다. 아름다운 미소년은 귀엽다. 주변사람을 유심히 본다. 푸른색 물결은 기복이 심한 감정을 나타낸다. 분홍색 옷은 따뜻하다. 그러므로 우정과 조화를 이룬다. 음양의 균형으로 새롭게 시작하고 가다듬어라. 컵은 여성의 자궁이며 컵에서 나온 물고기는 창조물과 아이로 본다.

12. Knight of Cups(컵 기사): (yes-○○)

▶ 감정의 추구

- 청혼, 매력적인 프러포즈, 유인, 자극, 호소, 제안.
- 도전적으로 나아가고자 하는데 말이 제한한다.
- 좋은 제안으로 발전한다. 기회가 곧 생긴다. 이동수가 있다.
- 완벽을 추구하는 이상주의자이다. 잘되고 무난하고 좋다.
- 새로운 일이나 사랑의 시작을 말한다.
- 사랑과 아름다움을 향한 탐구자. 창의적, 예술적인 기질을 가진 사람.

말을 타고 걷고 있다. 약간 컵을 내밀어 프러포즈를 한다. 새로운 제안을 한다. 백마는 순수함을 상징한다. 차분하게 감정을 주고 매너 있다. 깔끔한 백마 탄 왕자로 로맨틱한 사람, 다정하게 챙겨주는 남성, 활동적인 성향을 가진 사람이다. 물은 생명을 나타내고 물결무늬는 인생의 흐름을 나타낸다. 노란색 컵은 영성을 말하고 붉은색 옷은 열정을, 머리 휘장이 바람에 날리는 것은 생각의 자유스러움을 말한다. 머리와 발은 자유로움과 프러포즈, 제안, 청혼을 말한다.

13. Queen of Cups(컵의 여왕): (yes no 아님-△)

▸ 감정의 세계에 몰두

- 컵은 지식, 지혜, 생각, 배려를 의미한다.
- 컵의 여왕은 친절하고 공정하며 지적이고 헌신적인 인물로 전심전력을 다 하는 사람이며 이해심이 깊은 사람이다.
- 여왕은 모든 사람들이 건강하고 행복하고 편안하기를 바란다.
- 오래 기다린다는 의미로 중간에 포기할 수 있다.
- 컵의 여왕은 똑똑하고 현명하고 지구력과 인내심이 있다.
- 감수성이 있는 사람. 이성(理性)보다는 감성(感性)으로 생각하며 행동.
- 타인의 연약함에 공감하는 친절하며 헌신적인 사람이다.

물은 감정을 말하며 여자는 생각이 무척 깊다. 그러므로 함부로 행동하지 않는다. 이 사람은 상대에 대한 배려심이 있는 여성스러운 좋은 상담자, 좋은 조언자이다. 물, 여자, 컵, 의자의 인어, 물결, 푸른 옷 등은 생각이 깊고 피해 끼치는 것을 싫어함을 말한다. 독특한 사상과 고집으로 주변과 어울리지는 않는다. 그러므로 한번 눈 밖에 나면 마음을 주지 않고 한번 삐지면 절대 풀어지지 않는다. 망토가 감정을 잡으니 감정을 빠져 나오지 못한다. 망토 안감의 분홍색은 자식과 가족을 위한 희생과 헌신을 말한다. 물결은 요동치는 감정을 말한다.

14. King of Cups(컵의 왕): (yes-○○)

▶ 감정의 지배자

- 파도치는 물결은 복잡한 상황과 갈등을 겪고 생각이 많음을 말한다.
- 책임감과 창조성이 있는 사람으로 예술가, 사업가, 전문가이다.
- 지혜롭고 능력이 있고 머리가 좋지만 뭔가 숨기는 사람이다.
- 양손의 컵은 좋은 기회를 말하는데 연애관계는 좋으나 양다리를 걸친 바람둥이일 수도 있다.
- 파도 속에 무언가 숨기고 있다.(남자는 여자를, 여자는 남자를 숨김)
- 연애의 왕으로 감정을 다스리는 사람이다.
- 관대한 태도로 친절하고 신뢰할 수 있는데 종교적이고 사려 깊은 사람이다. 다양한 분야의 전문가를 말한다.

물위의 돌 의자가 출렁출렁하니 불안하다. 예술가 기질. 여성적 취향. 감정 풍부. 예의바른 남자. 젠틀맨. 물위에 물고기가 뛰고 배가 출렁이니 감정이 출렁인다. 푸른색 감정과 컵, 둥근 아치는 감성이 풍부함을 말한다. 할 일을 충분히 한다. 열정은 충분히 있다. 남을 이끈다. 유약해 보인다. 쉽게 타협한다. 녹색은 안정적인 성향이고 왕관은 권위와 힘과 자신만만함을 말한다. 옆으로 바라보는 눈은 남의 눈치를 보는 것을 말한다. 붉은 배가 출렁이니 열정이 오락가락한다.

5. 지팡이 카드(Wands): 창조력·상상력의 불꽃

지팡이는 심리학적인 용어로는 직관(直觀)을 나타내는 에너지다. 창조력의 불꽃으로 상상(想像)등과 관련되어 있다. 지팡이는 정신력과 독창성과 잠재력을 가진 진취적인 힘이다. 경제적으로는 적당하게 먹고 살 능력 정도의 긍정성을 나타내지만 나머지 부분은 보통이며 평범한 사람이다. 지팡이는 마이너 카드의 4개 원소 중에 가장 에너지가 약하다. 노력을 해서 원하는 것들이 성사되니 평범한 사람들의 인생으로 봉급쟁이를 말하며 커다란 재력과 권력은 없다.

WANDS(불, 지팡이)

계절적으로는 봄이다. 양자리(♈), 사자자리(♌), 사수자리(♐)에 해당하며 진취적이고 활기차고 자신감 있고 열정적이며 의욕적 성향이 있다. 지팡이는 불의 상징이며 활동성과 열정적인 힘으로 창조력과 리더십이 있고 몸을 움직이는 구체적인 활동으로 노력을 해서 원하는 바를 성사시킨다. 독창성, 생명력, 생산력, 노동력, 창조성, 열정의 에너지, 의지력과 기획력, 지식과 직관의 힘이고 중재력과 실행력과 행동력이다.

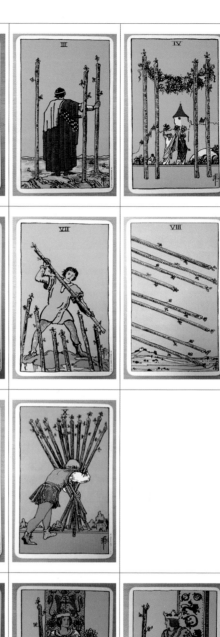

1. ACE OF WANDS: (yes-○ ○ ○)

▶ 새로운 시작, 창조적 에너지

• 매우 강하고 좋다. 새롭게 시작한다. 사업을 시작하면 성공한다.

• 먹구름을 뚫고 좋게 됨. 벤처사업을 의미. 유산을 물려받는다.

• 개발, 발명, 승진, 입사, 행운, 건강회복, 시련극복.

• 자신의 능력으로 원하는 바를 성취하고 성공한다.

• 나이에 비해 어리고 순수한 면이 있다.

• 이 카드가 나올 때는 모든 것을 자신 있게 진행하라.

• 의미 있는 경험의 시작, 모험적인 사업의 시작, 창조, 발명, 열정, 행운, 수익, 아이의 탄생, 사업의 수행.

열정의 에너지가 넘친다. 남성 성기를 잡고 있다. 성적 능력이 강하다. 정력이 넘친다. 일의 시작이 좋다. 충분한 사랑, 창조, 발전, 탄생, 능력, 축복, 열정적, 활동적, 정열적, 남성다운 사랑. 오른손으로 잡고 있다. 긍정적 힘이다. 새롭게 시작할 것이다. 왼쪽 언덕위의 집은 노력하면 이루고 누릴 수 있는 미래의 성공, 지팡이는 남성성과 신성과 열정을 나타낸다. 나무 3그루는 창조력을 상징. 구름의 신성한 미지세계에서 당신에게 힘차게 손을 내밀고 있다. 걱정 말고 전진하라 물은 인생의 흐름과 나아갈 방향이다. 산은 창조해서 얻을 수 있는 것으로 미래의 성공이다.

2. TWO OF WANDS: (yes-○○)

▸ 고상한 목표와 장래의 성공

- 새로운 사업의 시작. 사업적인 재능이 있다. 대담하고 용기 있다.
- 과거에 어떤 일을 성공했었다. 또 뭔가 새롭게 시작한다.
- 연애운은 과거가 있는 사람이다.
- 사업과 장사의 대표적 카드. 성숙하고 지배적이다.
- 멀리 보면 문제의 답이 보인다.
- 성숙한 인성(人性), 사업적 용기와 목적의 달성, 지배적 리더쉽.

방향을 선택했지만 성벽 안에서 안전하게 있다. 생각만 하고 행동하지 않는다. 계획만 하고 있다. 갈색 옷, 담, 성벽, 울타리, 꽃길 등은 안정지향적임을 나타낸다. 멀리 성 밖의 세상을 보며 성벽 안에서 두 가지 중 한 가지를 선택한다. 지팡이의 열정은 있으나 옷의 안정성으로 계획만 한다. 장미와 백합의 신성함 속에 열정의 지팡이가 들어갔다. 순수와 열정이 교차하여 이룩한 성과는 지구본으로 그렇게 크지 않다. 또 다른 성공을 위해 밖을 보며 계획은 짰는데 실행하는 데는 망설인다. 2번은 3번과는 반대되는 개념이다. 지팡이 밑에 신의 도움이 있으니 걱정하지 말고 실행해라. 고민하고 있는 것이 잘 풀릴 것이다. 푸른 잔디와 집과 강은 걸어서 성취해나가야 할 세상이다.

3. THREE OF WANDS: (yes-○ ○)

▶ 과거의 성취와 미래의 도전

• 사업적 수완과 재능이 있다.

• 장사의 대표적 카드. 상업, 무역, 상술이 뛰어나다.

• 미래를 보고 있다. 배가 들어오고 있다. 투자와 사업이 잘되고 있다.

• 애정문제는 과거가 있는 사람으로 바람둥이다.

• 사업적 경험을 가지고 협상과 거래를 해서 이익을 거두고 발전한다.

• 통찰력을 가지고 한 번 더 구체적으로 생각하라!

• 기업경영, 협상, 무역, 거래, 상업, 실무적인 지식.

선택하고 행동도 한다. 왜냐면 2번과 달리 성 밖으로 나왔기 때문이다. 열정의 빨간색 옷을 입고 넓은 대지를 활동무대로 행동하는 사람. 활동에너지를 가지고 성 밖에서 넓은 황하를 바라보고 있다. 황하는 이룩하게 될 부를 상징, 3개의 지팡이와 3개의 배, 3개의 잎사귀들은 삼위일체의 완성된 수로 성공과 성취를 의미한다. 지팡이를 잡고 높이 서있는 자세는 충분한 능력과 지위와 에너지를 나타낸다. 연두색의 초지는 풍요를 상징하고 청색의 오른팔은 차가운 지성으로 판단할 수 있는 능력이 있음을 나타낸다. 머리의 흰 띠는 미래에 대한 일말의 걱정과 불안을 말한다. 떠나간 사람이다. 냉정히 뒤돌아섰다.

4. FOUR OF WANDS: (yes-○ ○ ○)

▶ 노동 뒤의 보상

• 현실적, 이상적, 안정적 일의 진행상태를 말한다.

• 노동 후에 휴식으로 낭만적이다. 축하와 결실이 있다.

• 승진, 시험합격, 축복받을 결혼, 이상을 성취하고 축하를 받는다.

• 커플매니저, 카운슬러, 원하는 것을 이룰 수 있고 한 단계 발전한다.

• 노동의 열매, 행복으로의 연결, 낭만, 조화, 번영, 평온함, 휴식.

이 카드는 역방향, 정방향 모두 의미가 좋다. 결혼 피로연, 화관을 쓰고 둘이서 춤을 춘다. 프랭카드를 걸고 축하할 일이 있다. 시험합격, 승진을 한다. 온갖과일은 풍요로움을 나타낸다. 두 사람이 행복하게 결혼하고 피로연의 파티를한다. 고시합격, 시험합격의 운이다. 갈색 옷은 안정. 푸른색 옷은 지성과 이성을 나타낸다. 주변 사람들이 축하하고 춤추고 놀고 있다. 과일화관을 나무 지팡이에 걸었다. 그 동안 힘들게 일했다. 그러므로 행복하게 쉬어라. 금줄을 매고출산을 한다. 집은 안정을 의미하는데 안정적으로 집에서 거주하게 된다.

5. FIVE OF WANDS: (no-×　×)

▶ 일과 사랑에서의 갈등

- 급작스런 변화가 오고 현실에 가지고 있는 것들이 깨진다.
- 다른 색의 옷을 입고 각자의 의견이 다르기 때문에 싸운다.
- 단기간의 장애와 곤란함으로 안 좋다. 사업이 힘들다.
- 이렇게 할까 저렇게 할까 갈등이 많은 상태이다.
- 행동하기 전에 주위를 살피고 상황을 깨끗이 정리하라.
- 분발하라. 주위에 많은 경쟁자가 나타난다.
- 이루지 못하는 소망과 투쟁을 암시한다.

5는 다툼과 갈등의 숫자, 다섯 가지의 옷 색깔은 서로 사상이 다름을 나타낸다. 부상을 입거나 부러진 느낌은 없다. 그러므로 사소한 다툼으로 시끄러운 상태이다. 다섯 사람의 옷 색깔이 틀리므로 다섯 명의 생각과 주장하는 바가 다르다. 그러므로 갈등이 생긴다. 그러나 크게 부딪히는 느낌은 없다. 부러지거나 다친 것이 없다. 자기 의견과 주장을 내세우며 지려고 하는 사람이 없으니 쓸데없이 나서지 말고 뒤로 물러서 있어라. 사소한 다툼은 피할 수 있으면 피하는 게 좋다.

6. SIX OF WANDS: (yes- ○ ○ ○)

▸ 소원의 성취와 만족

- 말과 지팡이는 남보다 높은 명예와 능력 있음을 말한다.
- 싸우고 이기고 돌아옴. 명예, 승진, 합격, 소원성취, 만족, 좋은 소식.
- 월계관은 노력에 대한 보상으로 기쁨을 주고 남들이 우러러 본다.
- 올바르고 성실한 사람이다. 상황이 곧 호전된다. 안전한 여행을 한다.
- 당당히 도전하라. 승리한다. 진보적인 자세를 유지하라.
- 정복, 승리, 노력의 결과로 실현한 소망, 노력에 대한 정당한 대가.

말을 타고 머리와 지팡이의 월계관은 승리를 상징한다. 과거급제하고 금의환향하여 외지에서 성공하고 온 사람이다. 매사가 잘될 것이다. 환영받는 분위기이다. 녹색 망토와 갈색 옷은 안정적이고 차분한 성향을 나타낸다. 말의 째려보는 눈은 성공하기 위해 희생된 사람이 있음을 말한다. 너를 성공시키기 위해서 울었던 사람이 있다. 붉은색 리본과 월계관은 열정적으로 경쟁에서 이기기 위해 노력하여 결실을 이룸을 의미한다. 고시합격의 운세이니 그만큼 성공했다. 직장과 직위가 있는 30대를 나타낸다. 따르는 여자는 두~세 명 있는 능력 있는 남자이다. 외부에서 성공해온 결과 녹색은 마음적인 풍요와 재물과 직위의 상징이다.

7. SEVEN OF WANDS: (yes no 아니다 △)

▸ 자신감과 용기

- 입사초기의 힘든 상태를 버틴다.
- 주위에서 여러 가지로 힘들게 하지만 피해를 입지는 않는다.
- 상황이 힘들어도 잘 이겨낸다. 극복 가능한 장애물들이다.
- 힘겹고 외로운 상태이지만 긍정적이다.
- 경쟁자가 있지만 젊음과 힘이 있어 유리하다.
- 어려운 상황이지만 이겨낼 것이다. 힘과 인내와 성공을 의미한다.
- 지금의 현실에 충실해야 한다.
- 이익과 성공과 승리를 위한 투쟁력과 결단력을 발휘한다.
- 두려움을 극복하고 당신의 의지를 강력하게 펼쳐 나가라!
- 현재의 상황에 수동적으로 타협해서는 안 된다.

지팡이 여섯 개가 공격을 해온다. 한 개로 막는 상황은 방어, 조심, 대비를 말한다. 신발이 짝짝이인 것은 준비가 안 되었지만 물밑, 계곡, 절벽, 바닥 등의 불안하고 불리한 위치에서 허겁지겁 급속하게 대비하고 준비하는 모습으로 불안정하다. 갈색은 안정을 의미하는데 신발이 짝짝이기 때문에 불안정하고 상황에 대처할 준비가 덜 되었다.

8. EIGHT OF WAND: (yes no 아니다△)

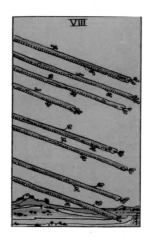

▶ 열심히 활동한다.

- 지팡이가 빠르게 이동하고 있다. 빨리 진행한다.
- 이사, 이동, 여행 관련 사항은 길하다.
- 3카드 중에 나오면 나머지 2장의 내용이 한 달 이내에 발생한다.
- 어떤 일이 빨리 일어난다. 성격은 다소 급하다.
- 무대를 옮겨 새롭게 활동한다. 희망의 시기이다.
- 조만간 원하는 결과를 얻는다. 과감하고 신속하게 행동하라.
- 신속한 동작, 갑작스런 행보와 이동, 빠른 결정을 말한다.
- 성공적인 업무 완수를 위해서는 계획과 방침이 신속 명료해야 한다.

사선의 평행선은 하향조정 됨을 나타낸다. 서두른다. 이사, 전근, 이직, 다른 부서로 간다. 멀리서 왔다는 느낌이다. 급하게 이동하나 평행선으로 엉키지 않는다. 열정과 준비가 충분하다. 이동 자체는 좋다. 주변카드로 보아 서둘지 마라 할 수도 있다. 저 멀리의 집은 안정을 말하는데 강물의 흐름 따라 집에 가서 안정을 취하게 된다.

▶ 힘과 결단력

• 숨어있는 적, 배신, 중상모략으로 힘들지만 잘못되는 일은 없다.

• 다치기는 하지만 망하지는 않는다. 신경성이 약간 있다.

• 정체 지연을 말한다. 계획을 짜거나 사업구상을 하지 않고 기다린다.

• 경험으로 배웠고 몇 가지 어려움들을 물리쳐 왔다.

• 자신과 친구와 가족을 지키는 방법을 알고 있고 경쟁이나 반대를 두려워하지 않는 사람이다.

• 더 경험과 지식이 필요하다. 다시 생각해 보라.

• 어려움 속에서 변화를 기대, 숨겨진 적과의 투쟁 후의 휴식.

등 뒤의 지팡이는 장벽이다. 상대편을 못 들어오게 하지만 나도 나갈 수 없다. 머리부상으로 어려움을 겪었고 힘들었다. 그러나 눈빛은 좌절하지 않았다. 성벽과 지팡이는 일과 사업 등에서 실패하지는 않았음을 말하지만, 어려움을 겪고 지친 느낌으로 힘이 빠졌음을 알 수 있다. 흰 띠는 머릿속이 복잡하고 골치 아픈 상황임을 말한다. 살아있는 눈빛은 다른 위험이 와도 대처할 정신력이 있음을 말한다. 그러기에 힘들지만 좌절하지 않고 극복할 에너지가 있다.

10. TEN OF WANDS: (약한 yes △○)

▶ 지나친 부담과 압박감

- 힘들다. 스트레스를 많이 받고 부담되는 상황이다.
- 신경 쓰이는 일이 많다. 하지만 목표 성취를 위한 노력을 한다.
- 일을 완벽하게 끝내면 밝은 미래가 있고 그렇지 않으면 고통이 온다.
- 결혼운은 힘든 카드이다.
- 혼자 해결해야 된다. 그러므로 무리하지 말라.
- 지나친 부담이나 곧 해결될 문제이니 목표 성취를 위한 노력을 하라.
- 어떠한 수준이나 지위의 유지를 위한 노력을 나타낸다.
- 개인적 목적을 위하여 사용하는 힘겹고 부담스러운 노력을 말한다.

짐이 무겁고 힘들어 보인다. 그런데 고집스럽게 감당하려고 한다. 주변의 도움을 구하고 안 되면 차라리 내려놓으라. 지팡이 열 개가 땅 밑에 뿌리가 없으므로 일, 돈, 업무가 안정적이지 못하고 힘에 부친다. 이럴 때는 남한테 도움받아라. 어려우니 주변에 도움 청해라. 부담과 짐은 마음만 먹으면 얼마든지 내려놓을 수 있으나 책임감이 있어 내려놓지 않는다. 멀리 있는 집은 안정을 의미한다. 무겁고 힘들지만 끝까지 지고 간다.

11. 지팡이의 소년(Page of Wands): (yes ◇ ○)

▶ 열의 · 낙천주의

- 소년은 10대의 견습생으로 믿을만한 아랫사람이나 힘은 약하다.
- 소년은 중요한 소식의 전달자이므로 곧 좋은 소식이 온다.
- 어리고 미숙해서 다른 사람에 의존하며 모험을 좋아한다.
- 연애운은 짝사랑이고 곧 헤어질 운이다. 심성은 순수하고 착하다.
- 믿음직하고 충실한 사람, 외교관, 사절(使節), 밀사(密使), 사자(使者).
- 신뢰받고 있는 친구, 좋은 의지를 가진 무경험자, 민첩하고 직관적인 젊은 이로 양자리의 기질을 가진 사람이다.

성장하고 싶다는 욕구로 쑥쑥 크고 자라고 싶다. 지팡이는 키가 크다. 꼭대기를 쳐다보고 있다. 믿을만한 심부름꾼, 어리지만 충직한 심부름꾼인 10대가 지팡이 위로 자란다. 갈색 망토는 안정을 의미하고 머리의 붉은색 깃털은 10대의 자유로움으로 열정 따라 바람 따라 움직인다. 그러므로 조금은 자기 멋대로이다. 도마뱀은 불 에너지로 열정적이나 미숙하다. 지팡이는 활동력을 가진 믿을만한 심부름꾼으로 시키는 일을 잘 할 수 있음을 의미한다. 모자의 색은 아직 미숙하다. 철없는 아이돌 스타 같은 사람이다.

12. 지팡이의 기사(Knight of Wands): (yes-○○)

▶ 창조적인 발상과 모험심

- 창조적 발상과 모험심으로 일을 잘 저지른다.
- 돌발적이며 무모한 20대의 젊은이를 말한다.
- 이동, 유학, 이사, 직장 이동수. 시기적절한 여행.
- 활동적이나 덤벙거린다. 망설이지 않고 시행한다.
- 열정적으로 일에 뛰어들고 삶에 시작과 도약과 변화가 일어난다.
- 야심과 분발심이 가득한 정열적인 개척자, 기발한 생각의 소유자, 즐거움 의 추구, 미지의 세계에 대한 탐구, 긴 여행, 거주지의 변경, 비약, 언행의 자유분방함, 약간의 경솔함 등을 나타낸다.

말을 타고 달리는데 열정과 행동력이 있다. 용기와 패기, 젊음이 넘친다. 말 은 행동성을 말하고 불도마뱀은 꼬리를 말았는데 완전한 원이 아니므로 발전의 여지가 있다. 붉은색 깃털은 생각의 자유로움을 말한다. 시종보다는 목표를 향 해 열정적으로 노력한다. 기사는 목표지점을 알고 달린다. 갑옷은 안전과 보호 의 의미이다. 기본적으로 활기차게 이동하고 성급하게 이동하지만 갈 길을 충 분히 알고 있다. 나를 따르라는 메시지를 띄우나 검의 기사처럼 독불장군은 아 니다.

13. 지팡이의 여왕(Queen of Wands): (yes-○ ○ ○)

▸ 우아하고 다재다능함

- 실용적이고 실질적이며 똑똑한 30대 여성이다.
- 일편단심의 정숙하고 순결한 현모양처를 말한다.
- 금전 능력이 있는 여자로 야심적이며 사업적이고 강인한 기질이 있다.
- 정신적 도움과 바른 충고를 주는 파트너로 진취적이며 상냥하고 싹싹하다.
- 고양이와 여왕 둘 다 예리한 관찰자로 새로운 길과 방향을 탐색한다.
- 이해심 있고 동정심 있는 사람, 우호적이며 사랑스러운 사람, 순결과 정숙한 사람, 실용적인 능력, 여성적인 매력과 우아함, 타인에 대한 진실한 관심과 배려, 안정적인 가정과 사회생활. 취업과 취직, 약사, 좋은 고용주 등을 상징한다.

　유일하게 정면을 보고 있다. 성공적이며 능력 있고 당당한 여자이다. 다리를 벌리고 있으므로 성적 욕망이 강하고 정력도 세다. 사자는 용기와 힘과 남성스러움을 말하고 해바라기는 태양과 같은 에너지를 말하며 지도력을 나타내는 지팡이도 왕처럼 높이 올라가 있다. 그러므로 남성 같은 여성으로 여자임을 잊고 남성처럼 행동하며 고집이 세다. 자기 의견을 굽히지 않는다. 고양이는 음(陰)적인데 검정색이므로 정조개념이 부족하다.

14. 지팡이의 왕(King of Wands): (yes- ○ ○)

▸ 창조력과 직관의 지배자

- 직관력을 가진 지도자로 40~50대 남성이다.
- 낙천적이고 신사적이며 유머감각과 통찰력이 있는 사람이다.
- 능력은 있는데 비현실적이며 돈에 관심이 적다.
- 금전운 빼고는 다 괜찮은 편이다.
- 법조계, 성직자, CEO, 점잖고 돈보다는 명예를 생각하는 지도자.
- 의심과 두려움 없이 일을 추진하는 성숙하고 활동적인 사람으로 자기 확신이 강하며 지배적인 기질과 결단력이 있다. 생명의 빛과 온정을 주는 사람, 직감(直感)에 대한 신뢰, 즐거운 인생에 대한 강한 욕구를 나타낸다.

열정 있고 마음이 따뜻하며 능력이 충분한 사람이다. 불도마뱀의 완성된 원은 완성된 에너지로 열정적이다. 사자는 남성적 에너지로 힘과 용기와 능력이 충분하다. 녹색망토는 안정감을 주므로 주변을 고려하면서 일한다. 녹색과 도마뱀은 불처럼 달려갈 때 안정적으로 행동하라는 것이므로 충언을 아끼지 않는 사람이며 성급할 때 속도를 조절해 주는 사람이다. 붉은 옷과 도마뱀은 열정에너지를 내뿜는다. 그러므로 활동적인 지도자이며 능력 있는 사람이다. 녹색 발은 안정을 지향하며 목걸이와 아기 사자는 충분한 생각을 말한다.

6. 검 카드(Swords): 역경을 극복할 이성의 상징

검 카드는 인생에 있어 투쟁과 곤란을 나타낼 때 등장한다.

검에 타격을 입는다. 찔리고 피해를 입는다.

검은 똑똑하다. 사는 게 고달프다. 배려심이 없다. 호전적 싸움꾼이다.

검은 강하고 날카롭고 단도직입적이다.

날카로운 칼날로 사물을 벤다.

그러므로 검은 흉악하고 잔인하고 칼바람과 피바람의 응징이다.

검은 고난과 장애물과 갈등과 기만과 환상을 예리하게 분석, 판단한다.

진리의 세계로 나가기 위해서는 검이 가진 지성의 에너지가 필수적이다.

SWORDS(칼, 바람, 공기)

결단, 결정, 개혁, 계획, 정리, 논리적, 합리적으로 시시비비를 가림, 의지, 생각, 사고, 이념, 권력, 갈등, 사리분별, 이성, 투쟁 등 사람이 배워서 습득하는 것들이다. 칼로 자르면 반으로 나뉘기 때문에 분리, 갈등, 피해, 잔인, 고난, 장애물, 배려심 없음을 나타낸다. 그러므로 검은 똑똑하며 날카롭고 단도직입적이며 성격이 직선적이고 까칠하고 강하고 속도가 매우 빠르다. 검은 합리적인 비판으로 세상을 관찰하고 이해하고 자신의 생각을 전달하고 표현하려는 성향이 있다. 가을, 쌍둥이자리(♊), 천칭자리(♎), 물병자리(♒).

1. ACE OF SWORDS: (yes-○ ○ ○)

▶ 역경에서 발휘되는 힘

- 위대함, 정복, 솔선, 성공적으로 새로운 모험시작, 승리하다.
- 싸워서 이기다. 문제는 있지만 극복한다. 사업과 일을 성공한다.
- 투쟁한다. 번영한다. 노력해서 쟁취한다. 의지력이 강하다.
- 올리브 잎은 평화의 상징. 야자나무 잎은 승리의 상징. 왕관은 성취의 상징. 역경과 고난과 환상과 무지(無知)를 극복한다.
- 이성적 판단이 요구된다. 냉철하게 생각하라.
- 과감한 결심, 솔선수범, 결단력, 정복과 번영.
- 인생의 목표와 원칙을 확립함으로써 성공과 승리를 쟁취할 수 있다.

검은 이성과 지성의 상징이다. 최고의 자리를 쟁취한다. 검은 양(陽)이고 왕관은 음(陰)으로 음양의 배합이 잘 맞음을 말한다. 왕관은 시험합격, 공부성취 등의 최고의 선물이다. 음양의 결합으로 섹스의 개념도 있다. 검은 남성적 힘을 나타내고 왕관은 여성적 에너지를 의미한다. 주변의 요오드는 축복을 의미한다.

2. TWO OF SWORDS: (no에 가깝다 △×)

▶ 곤경에 처함

- 대립, 곤란, 내 힘으로 해결이 안 된다. 감당할 수 없는 궁지에 몰려있다. 슬픔에 잠겨있다.
- 애정운에서는 해결하지 못하는 문제를 가지고 사귀고 있다. 사랑이 아닌 다른 문제로 많이 싸우면서 사귄다.
- 약간 진전이 없는 연인관계로, 안보면 보고 싶고 만나면 싸우니 원진살의 관계처럼 두 사람 다 힘들다. 곤경에 처함.
- 마음에 들지 않지만 결정을 내려야 한다.
- 균형 잡힌 힘과 상쇄 요인이 있다.

달은 캄캄한 밤이고 눈가림으로 앞이 안 보이니 불명확한 상황이다. 하지만 검을 들고 있으니 불투명하지만 소신껏 선택해라. 선택한 것이 옳은 것이고 최선의 선택이니 걱정하지 마라. 돌 의자는 편안한 상태가 아니다. 검의 손잡이와 어두운 밤에 출렁이는 바다와 돌 의자는 긴장함을 말한다. 크고 무지한 검이므로 다루기 힘들만한 상황을 말한다. 그러므로 초보운전자는 버겁다. 눈을 가려서 곤란하고 답답하고 앞이 보이지 않는다. 가족이나 소중한 사람이 다칠 수 있다. 검을 휘두르면 본인이 책임을 져야 한다. 그러므로 냉정하게 판단하고 조화롭게 해결하고 타협하라.

3. THREE OF SWORDS: (no-ⅩⅩⅩ)

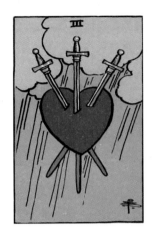

▶ 애정의 슬픔

- 파혼, 이혼, 이별, 별거. 배신과 상처, 대립과 투쟁, 다투고 싸울 일.
- 과거에 사랑했던 사람과 아프게 헤어진 적이 있다. 우울하다. 있던 것이 없어진다. 엄청난 슬픔과 아픔으로 심약하여 상처를 잘 받는다.
- 하트와 3개의 검은 사랑 때문에 겪는 육체적, 정신적, 감정적 고통.
- 냉철하게 생각하고 지혜롭게 행동하라. 그렇지 않으면 크게 상처를 입을 수 있다.
- 슬픔, 실망, 이산(離散), 흩어짐, 지체, 전환, 아픔 속에서 해로운 것들의 제거를 통한 거듭남. 아픔과 슬픔은 기대감을 버리고 자아를 신뢰하고 사랑함으로써 극복되고 치유될 수 있는 것이다.

가슴이 찢어지는 아픔을 겪었다. 회색은 불분명함을 검정 비는 열성을 하트는 열정을 말한다. 검이 3개가 꽂혀있으므로 삼각관계나 양다리를 넘어선 3다리를 걸친 것이다. 검 3개를 꽂은 상대는 '넌 내꺼야' 하며 의부증과 의처증이 있다. 세 가닥의 앵커는 움직이지 못하게 한다. 가슴이 찢어질 만한 아픔을 말한다. 3의 개념은 성부와 성자와 성령으로 삼위일체의 신성이다. 아픔은 인생에서 겪어야 할 과정으로 극복하며 성장한다. 검은 남성의 힘을 나타낸다.

4. FOUR OF SWORDS: (약한 no △X)

▸ 조용한 휴식

- 건강 회복기, 질병의 회복기, 휴식, 재충전, 전환기, 정지.
- 어떤 일을 잠시 쉬고 있다. 아무 일도 안 생긴다.
- 은둔한다. 고독하다. 소심하고 내성적이다.
- 문제가 해결 된다. 보호를 받는다. 그러므로 기다려야 한다.
- 원기 회복을 위한 휴식과 내부 성찰, 긴장과 걱정의 완화.
- 기력의 보충, 고독, 은거, 추방, 망명, 작전상 후퇴와 포기.

교회나 성당에 편안하게 누워있다. 그러므로 회복과 휴식의 카드이다. 검들의 색이 다르다. 세워진 검은 다룰 수 있는 검이 아니다. 복수를 하려고 준비하고 있다. 그러나 지쳐있다. 누워서 손을 모아 기도를 하므로 죽지는 않았다. 예수의 기운을 받고 응답할 것이다. 검 3개는 휴식이고 검 1개는 휘두를 수 있다. 갑옷은 편안한 상황이 아님을 말하고 한쪽 칼은 방어할 수 있음을 말한다. 휴식과 회복의 시기이므로 쉬어가라. 2보 전진을 위한 1보 후퇴를 말한다.

5. FIVE OF SWORDS: (no-✕✕✕)

▶ 패배의 인정

- 등 돌린 사람들은 패배자이다. 그러므로 좌천이나 파면당하고 망한다.
- 적이 나타난다. 자존심과 명예를 상한다. 그러므로 불명예이다.
- 구름이 거칠은 것은 힘들고 고통스러운 패배를 말해준다.
- 자존심이 많이 강한 사람이나 노력해도 별 소득 없다. 물러나라.
- 연애운은 최악이고 깨진다.
- 패배, 좌천, 파면, 폐지, 취소, 불명예, 망신, 갈등과 다툼.
- 반대자가 나타나서 수치를 당하게 된다. 그러므로 능력 이상의 일은 포기하라.

승리를 했는데 검이 땅 바닥에 있으므로 기분 좋은 승리는 아니다. 친한 친구에게 돈 딴 느낌처럼 이겼는데도 찜찜한 느낌이다. 땅에 있는 검 2개를 쥘 만한 손이 없다. 지팡이 5번 보다 힘든 상황이다. 소득 없는 결과를 말한다. 검5는 한발 더 나갔다. 남녀 애정문제나 부모자식 간에는 더 열심히 해주어라. 상대는 받은 게 없다는 생각이므로 성과가 없다.

6. SIX OF SWORDS: (약한 no-△X)

▶ 근심 뒤의 성공

- 고통스러운 삶. 당분간 힘든 상황이 계속된다.
- 여행을 멀리 가게 된다. 일하러 간다. 집안 환경이 어렵다.
- 인생이 고달프고 힘들다. 어려움의 극복을 위한 시도이다.
- 생각을 멈추고 휴식을 취할 때다. 야반도주 상태로 앞날이 험하다.
- 근심 뒤의 성공, 순조로운 여행, 중요한 전환기, 방침의 긍정적인 변경, 어려움을 극복하려는 시도.

상황을 타개하기 위하여 이동한다. 오른편은 험한 물결이고 왼편은 평화로운 물결이니 2중적인 상황이다. 얼굴이 안 보이므로 과거와 단절된 현재이다. 좋은 곳으로 이동을 잘하면 로또복권에 당첨될 운세가 올 수도 있다. 죽으면 요단강 건너 저승으로 인도하는 나룻배이다. 잔잔한 물은 새로운 사람, 재혼, 새로운 애인을 만나게 해준다. 내 감정과 마음을 옮겨줄 사람이 있다. 주변에 도와주거나 좋은 길을 안내해 줄 사람이 있다. 사업은 조심스럽게 진행하라.

7. SEVEN OF SWORDS: (부분적인 no-X△○)

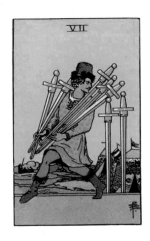

▶ 불안정한 시도

- 불안정한 계획으로 모든 것을 이루지는 못한다.
- 신중해야 된다. 경솔하거나 성급할 수도 있다. 손해와 배신이 따른다.
- 100% 만족하지 못한다. 말썽의 소지가 있는 계획과 시도이다.
- 서두르지 말라. 성급하게 결정하면 후회하게 된다.
- 문제가 있는 계획, 소망, 시도, 자신감, 부분적인 성공.
- 신중하게 생각할 시간을 가져야 하며, 성급하게 충동적으로 움직여서는 안 된다.

검 7번은 기본적으로 도둑이다. 장막에서 검을 다섯 개 훔쳐 나오는데 조금만 서두르지 않으면 두 개를 더 가져올 수 있다. 그런데 칼날을 잡고 있기 때문에 잘못하면 본인도 다친다. 지팡이 7번도 신발이 벗겨져 있다. 경솔하지 마라. 멀리 도망을 못 간다. 서두르면 손해를 보고 다친다. 매사를 너무 서두르지 말고 미리미리 준비하는 자세가 필요하다. 서두르다 검 2개를 놓고 왔으므로 오늘은 좋은 상황이 발생 안 된다.

8. EIGHT OF SWORDS: (no-ⅩⅩⅩ)

▸ **극복해야할 현실**

- 인생의 위기. 구속과 감금. 나쁜 소식. 중상모략과 비방. 질병.
- 내 힘으로 어찌할 수 없는 피해를 당한 상태이다.
- 대인관계에 문제가 있고 시기질투가 많다. 현실 파악이 안 된다.
- 장애가 많이 생겨 힘들어진다. 주위에 도움을 요청하라.
- 우유부단함으로 인한 활동의 제약, 위기, 구속되고 지배당함.
- 두려움을 떨쳐버리고 용기 있는 행동이 필요하다.

곤경에 처해있으며 불안하고 위험하다. 눈이 감겨있다. 그러나 몸이 느슨하게 묶여있으며 다리가 묶여있지 않기 때문에 움직일 수 있다. 그러므로 서둘러 움직여서 곤경과 위험에서 벗어나라. 검들로 인해 힘들고 어려운 상황에 갇혀있다. 현재 상황에서 벗어나야만 한다. 현재 상황을 잘 판단하고 결정해서 어려움을 돌파하고 나와라. 물이 천천히 썰물로 빠져 나가고 있다. 그러므로 검 8번 카드를 해석 할 때는 전체적으로 앞뒤의 상황을 보고 판단하라. 앞과 뒤의 카드 흐름을 보고 상황을 판단해서 의미를 해석해야한다.

9. NINE OF SWORDS: (no- X △ △)

▶ 근심과 절망

- 슬픔과 근심과 걱정이 많다. 사랑하는 사람에 대한 걱정이다.
- 과거의 아픔과 잊지 못할 슬픔으로 마음이 고통스럽다.
- 자신이 실제적인 타격을 입지는 않았지만 남의 걱정까지 다 해준다.
- 투쟁, 불안, 불확실한 시기이므로 위로와 조언이 필요하다.
- 망상에서 벗어나야 한다. 현실적으로 판단해서 결정하라.
- 극복해야 할 쓸데없는 근심, 걱정, 절망감, 실책, 과오 등을 말한다.
- 부정적인 환경으로부터 자신을 보호할 필요가 있다.

검이 나를 위협하지도 않는데 침대에서 고민을 하고 있다. 예를 들어 주변에서 아무도 아들을 못 낳았다고 뭐라고 하지 않는데도 아들 못 낳는다고 혼자 고민하는 모습이다. 울고 있지만 벽에 검이 있어 오히려 고민거리를 막아준다. 창밖의 어둠에서 보호해준다. 불분명함과 불면증 등을 막아준다. 이불의 장미와 백합은 축복을 주는 요소이고 12행성은 하늘의 도움으로 일이 닥치면 해결될 수 있음을 말한다. 그러므로 고민하지 마라. 닥치면 다 한다.

10. TEN OF SWORDS: (no-ⅩⅩⅩ)

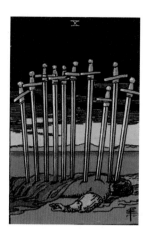

▶ 고통과 괴로움

- 죽음카드와 유사한 의미. 파멸. 패배. 끝장. 박살.
- 신의 능력으로만 해결이 가능하다.
- 짜증나는 상태로 건강과 컨디션이 매우 안 좋다.
- 주변 환경이나 기존의 사고방식 등에서 벗어나고 재탄생해야 함을 암시한다. 죽음은 새로운 도전과 시작을 암시한다.
- 현재 당신에게는 선택할 여지가 없다. 그러므로 처분만 기다려야 한다.
- 죽었다 살아난다. 그러므로 기사회생할 수 있다.
- 고통, 괴로움, 정신적 고뇌, 쓸쓸함, 폐허, 불운, 실망감을 나타낸다.
- 아픔과 고통의 치유를 위해서는 전문가의 도움이 필요할 때이다.

현재 죽은 상황이니 오히려 고통의 끝이 온다. 두 사람 사이는 더 이상 나빠지지 않는다. 인생의 밑바닥이다. 그러므로 오히려 이제부터 새롭게 시작할 수 있다. 저 멀리 태양이 보인다. 이제부터는 올라갈 길 밖에 없다. 참고 기다리면 좋은 일이 생길 것이다. 죽었고 종말이고 끝이니 더 이상 내려갈 곳이 없다. 바라보는 곳이 해 뜨는 곳이니 이 상황이 끝나면 새로운 좋은 일들이 생긴다. 이 사람은 평소에 등이 많이 아프다. 그러니 침을 놔주고 등을 만져 줄 사람을 찾아라.

11. 검의 소년(Page of Swords): (no-××)

▶ 지각 있는 젊은이

- 기만적인 인물. 스파이. 믿을 수 없는 사람. 연하의 남자.
- 폭로. 안 좋은 소식. 복잡한 관계, 남을 해칠 수 있다. 위험하다.
- 쓸데없는 잔소리를 하고 꼼꼼하게 따진다. 언젠가는 피해를 본다.
- 칼은 아무나 들면 안 된다. 나쁜 뜻을 가진 연하의 남자가 배신한다.
- 신중하고 지각 있는 인물인데 활동적인 젊음으로 민첩하게 경계하고 식별한다.
- 소문이나 폭로에 의하여 상황이 복잡해질 수 있으니 주의해야 한다.
- 올바른 정보나 생각 등은 여러 사람들과 공유하는 것이 좋다.

다툼과 싸움이 생길 수 있지만 두 손으로 검을 들고 있어 굳건한 의지가 있다. 바닥이 편평하지 않고 울퉁불퉁하므로 불편하다. 그러므로 현재 상황이 불안하지만 좌절하지 않는다. 갈색 머리와 바닥의 울퉁불퉁함과 두 손의 검은 불안하지만 확고한 의지가 있음을 말한다. 용기를 잃지 않고 좌절하지 않고 의지가 강한 사람이므로 고집을 피운다. 용기와 책임감이 있다.

12. 검의 기사(Knight of Swords): (yes- ○ ○ ○)

▸ 미지의 세계에 대한 도전

- 사업적 수완이 뛰어난 사람이다. 밀어붙여서 성공한다.
- 냉정하다. 능력이 있다. 저돌적이다.
- 힘과 원기를 가진 젊은 남성이 전광석화와 같은 영웅적 행동을 취하므로 전쟁 및 투쟁에 능하다.
- 용감함. 숙련된 솜씨. 전투능력. 과감함. 적극성. 도전정신을 나타낸다.
- 신속한 업무추진력. 젊은이의 에너지와 돌파력. 대립과 전쟁을 의미.
- 미지의 세계를 향한 충동적이며 두려움 없는 돌진.

말이 달리고 있으므로 서둘러 간다. 붉은색 휘장을 날리며 급하게 간다. 행동이 너무 급하고 빠르다. 그러므로 서두르지 말고 천천히 가라. 카드 중에서 제일 빠르고 급하다. 넓은 보폭과 크게 벌린 입과 말갈귀와 깃털과 구름과 새는 모두 급함을 말한다. 정열적이나 일방적이며 예의가 없고 무뢰하고 경솔하다. 나비 모양은 변화와 변형과 부활을 암시한다. 죽을 만큼 끝까지 달리니 상대를 단칼에 자른다. 그러나 너무 성급하니 신뢰받기 힘들다. 머리의 깃과 망토의 붉은색은 정열적임을 말한다. 너무 급한 것만 빼고는 괜찮은 사람이다.

13. 검의 여왕(Queen of Swords): (no-ХХ)

▸ 고통을 이기는 의지

- 강력한 의지와 독립심과 결단력의 소유자. 이성과 지성에 따라 행동한다.
- 인내와 끈기로 어려운 시기를 극복한다.
- 직선적이고 신경질적인 여자나 신비한 매력이 있다.
- 냉정한 여자. 중성적인 여자. 외로운 여자. 돌싱녀.
- 이혼한 적이 있다. 구설수에 휘말린다. 비탄에 잠기니 아주 안 좋다.
- 외로움을 잘 탄다. 주위 사람들이 버리고 간다.
- 비탄과 결핍으로 슬프고 후회할 일이 일어날 가능성이 있다.
- 옆얼굴이 훼방꾼이므로 엄마나 다른 사람(과부)이 연애를 방해한다.

굳은 표정과 즐겁지 않은 표정은 고독하고 쓸쓸하고 외로움을 말한다. 주말 부부, 과부, 냉정함, 복수심, 준비, 이성이 강한 사람, 외롭고 냉정한 감정. 속이 불편하다. 정신적으로 외롭다. 팔 밑의 천사와 날개는 지식과 지혜가 충분하고 가진 것이 제법 있으며 여왕의 품위가 충분함을 말해준다. 의자 밑의 흰색 나비 는 자유롭게 날아가고 싶음을 말한다. 머리의 왕관은 부귀의 상징, 흑백의 대비 는 균형적인 판단과 조화를 말한다. 의지가 굳고 생각이 확고부동한 사람이다.

14. 검의 왕(King of Swords): (yes-○ ○ ○)

▶ 이성의 지배자

- 단호하며 권위적이다. 탁월한 능력이 있다. 힘이 아주 강하다.
- 이성의 지배자. 충만한 자신감. 진실과 정의. 군사 및 법률 전문가.
- 공정하고 차분한 계획을 가진 사람. 존경과 두려움의 대상.
- 최고 결정권자, 권위적이며 명령적인 사람, 분석적이고 지나치게 신중한 사람, 활동적이고 단호함.
- 검 왕카드는 진실과 정의와 도덕에 대한 필요성을 강조한다.
- 인간적인 연민의 정이 약간은 필요한 강력한 개성과 공평성과 정의감.
- 엄정하고 냉철한 이성(理性)의 발휘로 목적을 달성할 수 있다.

왕의 표정이 굳고 엄숙해 보인다. 단단하게 마음먹은 상태이다. 차갑고 냉정하나 확실한 사람, 감정이 메마른 사람. 검의 인물 중 유일하게 정면을 바라보고 있다. 붉은색은 열정을 말하고, 보라색은 신의 축복을 말하고, 푸른색 옷은 냉정하게 검을 휘두를 수 있음을 말한다. 그 이유는 판단하거나 결정할 때 혼자 하므로 잔인하고 냉정하며 감정에 휩싸이지 않고 자기가 맡은 일을 잘 해나간다. 그러므로 잘난 척을 한다.

7. 펜타클 카드(Pentacles): 물질적 필요의 상징

펜타클 카드는 거의 대부분 좋은 에너지를 나타낸다.

땅. 돈. 부동산. 대박. 심리적 안정. 물질적 풍요.

변하지 않는다. 문제의 끝이 좋게 된다.

땅은 인간에게 물질적 기반을 제공하는 중요한 요소이다.

PENTACLES(동전, 흙)

이모저모 잘 따지고 현실적이며 계산적임. 황소자리(♉), 처녀자리(♍), 염소자리(♑). 현실적인 사고방식을 가지고 인내심과 끈기로 현실세계에서 목표를 이룬다. 펜타클(흙)은 재물과 돈을 말하고 물질적, 현실적, 금전적이다. 땅은 우리가 현실에서 딛고 있는 기반으로 육체적 쾌감을 추구하는 것들이다. 돈, 부동산, 재물, 장사, 판매 등의 업무에 능하다. 마음의 안정과 물질적 풍요로 문제의 끝이 좋게 된다. 흙은 변하지 않고 움직이지 않으므로 지속성과 끈기로 결과물을 만들어낸다.

ACE of PENTACLES.

PAGE of PENTACLES.

KNIGHT of PENTACLES.

QUEEN of PENTACLES.

KING of PENTACLES.

1. ACE OF PENTACLES: (yes-○ ○ ○)

▸ 물질적 번영의 시작

- 금전적 수익. 풍요. 보물. 복권. 재물의 성취. 행복. 만족.
- 낙관적 상황으로 물질을 통한 만족과 행복을 얻는다.
- 새로운 모험에서의 성공과 번영과 소득. 사업적 좋은 투자.
- 돈이나 좋은 선물을 받는다. 좋은 기회가 온다. 꼭 붙잡아야 한다.
- 미래에 성공과 풍요를 가져다 줄 새로운 사업의 개시.
- 귀중한 금전(金錢) 또는 가공품, 보물, 물질적인 부유함, 타인으로 부터 받는 금전이나 선물과 보너스 등을 말한다.

시작과 출발을 결합시켜서 해석하라. 누군가 나에게 성공의 기회와 돈을 줄 것이다. 돈을 많이 벌 것이다. 알짜 사업을 시작한다. 안정과 풍요, 재물과 돈과 소득을 나타낸다. 멀리 월계관을 통하여 물과 산까지 간다. 백합과 푸른 잔디는 순결한 시작과 넉넉함과 두둑함을 말하고 있다. 그러므로 틀림없이 성공할 것이다.

2. TWO OF PENTACLES: (no-ⅩⅩ)

▶ 복잡한 일의 능숙한 처리

- 양다리의 연애, 위험한 놀이, 어려운 상황, 정서적 불안정을 의미.
- 돈 문제. 카드 빚. 채무불량자. 힘들게 자금을 융통하고 있다.
- 약간의 당황함. 새로운 계획에 어려움이 겹친다.
- 새로운 일의 시작이 어려움. 여러 가지.고민거리. 변화 속에서의 조화로움의 추구. 변화와 불안정의 시기에는 융통성을 가지고 두 가지 일을 동시에 처리할 수 있어야 한다. 그러므로 안정적인 기반 없이도 활동할 수 있는 능력이 필요한 것이다.

두 개의 동전은 음양의 조화와 갈등의 원인, 2는 분열과 대립의 숫자. 동전 2개를 양손으로 움직이므로 두 가지 일을 해야 된다. 투잡, 예를 들어 타로와 카페, 떡볶이와 순대처럼 겸업이 된다. 재물은 수지타산과 균형을 맞추어야 된다. 수입과 지출의 균형이 맞추어져야 된다. 미래의 일을 대비해야 한다. 출렁이는 물은 변화를 말하는데 성공의 길이나 충분한 수입은 즐겁지만 불안정하고 힘들다.

3. THREE OF PENTACLES: (yes-○ ○ ○)

▶ 숙련된 기술

• 숙련된 기술. 완벽함. 예술적 재능. 명성과 지위.

• 명예가 높이 올라간다. 능력을 인정 받는다. 실력을 인정 받는다.

• 주위 사람들의 주목을 한 몸에 받는다. 돈이나 칭찬과 감사를 받는다.

• 장인정신으로 일에 자부심을 가지나 겸손하다.

• 연애운은 미팅이나 소개팅을 주선 받게 된다.

• 원하는 것을 얻으려면 주위의 도움이 필요하다.

• 3번 카드는 모두 다 좋다.

• 직업적으로 대단한 기술력의 발휘, 창조적인 능력이 물질적인 이득과 성취감을 낳음, 마음에 맞는 사람과 동업의 필요성.

3은 삼위일체의 완성된 숫자. 다른 동전은 모두 황색인데 펜타클 3은 흰색이므로 펜타클 3은 돈과 결부시키지 않는다. 성스러움. 정신적 지원. 숙련된 기술자. 랍비나 설계사에게 조언을 구한다. 성당 공사의 논의는 동업과 화합과 의논을 말한다. 여러 사람의 의견을 들어라. 결혼을 하려면 여러 사람에게 물어라. 섣불리 하지 마라. 성급하게 선택하지 마라.

4. FOUR OF PENTACLES: (yes no 아니다 △)

▶ 분배의 인색함

- 구두쇠. 돈벌레. 고리대금업자. 욕심쟁이.
- 돈의 소중한 가치를 안다. 돈을 많이 벌지 못하나 간수는 잘한다.
- 사랑과 감정에 인색함. 분배의 불가능. 물질적 애착이 강하다.
- 이기심을 버리면 더 쉽게 원하는 결과를 얻는다.
- 재물에 대한 애착, 매점매석(買占賣惜), 독점욕으로 분배가 불가능함.

3의 완성을 넘어 4는 안정 지향의 숫자. 욕심쟁이가 돈을 발로 밟고 머리에 이고 끌어안고 있다. 그러므로 인색한 구두쇠이다. 새로운 변화를 추구하지 말고 기다려라. 자신의 것을 지키고 수성하려고 한다. 돈과 재물을 밟고 끌어안았는데 가슴을 안 연다. 그러므로 내 것을 지킨다. 상속된 유산을 내가 지킨다. 부동산은 팔지도 말고 사지도 마라. 지출을 줄여라. 움직이거나 투자할 수 있는 상황이 아니다. 현시적 욕망에 집착을 하지 말고 너그러운 마음을 가지라. 그래야 주변에 사람이 모인다. 완고한 생각을 바꿔라.

5. FIVE OF PENTACLES: (no-××△)

▶ 물질의 궁핍

- 궁핍. 결핍. 손실. 실패. 실수. 노숙자. 거지. 망해서 힘들다.
- 물질적, 육체적, 정신적으로 힘들고 고통이 있음을 말한다.
- 교회에서 도와줄 사람이 있는데도 옆을 못보고 지나간다.
- 고집을 버려야 한다. 잘못된 선택으로 곤경에 처할 수 있다.
- 타로에서 5는 항상 역경(逆境)을 나타내는데 이 카드에서는 재물과 관련하여 어려움을 겪는 상황을 말하고 있다.
- 금전적인 부담과 갈등, 근심과 스트레스를 직면하고 있다.

거지 남녀가 슬프게 걷는데 궁색하고 사이가 안 좋고 초라하다. 그러므로 어려움이 있다. 펜타클 모양이 생명나무 모양이고 교회는 성스럽다. 그러니 쓸데없이 어려운 데로 가지 말고 도와줄 곳을 찾으라고 말한다. 주변에서 도와줄 사람을 찾고 도움을 청하라. 네가 도와 달라고 하면 주변에 도와줄 사람 있을 것이니 좌절하지 마라. 여자는 남자를 버린다. 걸음걸이로 보면 여자한테 차인다. 두 사람은 외롭고 빈곤하고 근심이 있고 말랐다. 스탠드글라스의 생명나무는 축복과 도와줄 사람 있음을 알려준다. 그러니 서두르지 말고 용기를 가지라.

6. SIX OF PENTACLES: (yes-○○)

▶ 물질의 분배

- 관대함. 박애주의. 금전적인 행운. 물질적 이득. 만족감. 선물.
- 빌려준 돈을 조만간 받는다. 선물을 받는다. 자비의 손길을 받는다.
- 연애운은 한쪽이 매달리는 상황으로 의지와 상관없이 끌려 다닌다.
- 후원자가 나타나 더 빨리 성취할 수 있다.(질문에 따라 해석 달리함)
- 가식이 없고 진정한 관대함. 자선사업. 자비. 나눔의 미덕을 베푼다.
- 공평함. 친절함. 착하고 선함. 타인을 위하는 마음이 있다.
- 남자 등이 찢겨진 것은 부주의함을 말함. 지나친 친절로 손해를 본다.

팬타클은 미국 보안관의 뱃지 모양이다. 6은 결합된 안정된 숫자이다. 자비로 나눠주는 사람과 나눔을 받는 사람의 만남이다. 그러므로 한쪽에서는 도움을 요청하고 한쪽에서는 자선을 베푼다. 가진 자와 못가진 자와의 결합이니 비굴하지 않게 공손히 도움을 청해라. 상대는 웃고 있으니 인정이 있고 베푼다. 남녀의 성적결합도 나타낸다.

7. SEVEN OF PENTACLES: (yes- ○ △)

▶ 발전 단계에서의 휴식

- 성공적인 거래. 돈. 금전. 보물. 복권 등을 통해 이익을 얻는다.
- 과거의 경험으로 새로운 것을 하려고 계획 준비 중이다.
- 인생의 전환기. 잠깐 쉬고 있다. 창의력. 성실한 노력으로 성장한다.
- 과거에 대한 쓸데없는 욕구불만은 접어두고, 현재의 상황을 감사하게 받아들이며 동원 가능한 방법으로 미래의 발전을 도모하라.
- 고안(考案)의 능력, 부지런한 노력, 진보와 성장, 투자와 성공적 거래, 금전과 재물을 더 가지려하는 궁리와 고민.

수확을 앞둔 포도 덩굴 앞에서 농부가 노력의 결실을 바라보고 있다. 최종 수확에 앞서 그에 관련된 무언가를 생각하는 모습이다. 저렇게 오랫동안 고민만 하다가 포도는 언제 딸 수 있을지 걱정이다. 별 중에서 1개만 수확하고 6개는 거두지 않고 바라만 보고있다. 그러니 조금만 서둘러라 안 그러면 수확의 시기를 놓친다. 수확의 일보직전에 신중함이 있으나 마지막 스퍼트가 필요하다. 그 동안 추진해온 것 7개 중에 이룬 것은 1개뿐이므로 큰 소득이 없다. 그러므로 고민이다. 서둘러서 마무리를 하도록 하라.

8. EIGHT OF PENTACLES: (yes no 아니다 △)

▶ 부지런한 노력

- 견습공. 학생신분. 도제(徒弟) 초보자. 초심입문자.
- 겸손한 자세로 배우고자 노력한다. 돈 되는 기술을 배운다.
- 참신하고 근면하여 개인적 노력으로 미래의 성공을 모색한다.
- 인내를 가지고 꾸준히 진행하라. 성공할 수 있다.
- 취직의 가능성이 있다. 부지런한 노력을 통하여 성공기반을 다진다.
- 돈을 벌 수 있는 능력이 있다.
- 기술과 노하우가 직업으로 이어진다.

성실한 노력으로 부지런하게 활동하고 있다. 직업개념으로 보면 준 프로급의 장인이나 기술자이다. 좋은 기술의 습득이나 더 많은 수익을 위한 노력이 조금은 부족한 상황으로 10중에 8까지 한 상태이다. 다 가지면 안주한다. 공부하고 노력하여 열심히 목표를 추구한다. 부지런히 노력하여 거의 목표지점까지 다 왔다. 이 카드는 일반적으로 긍정적 의미의 카드이다.

9. NINE OF PENTACLES: (yes- ○ ○ ○)

▶ 혼자만의 물질적 안정

- 풍요로움. 물질적 안정. 분별력. 통찰력.
- 자연과 애완동물(새)을 사랑한다. 조금은 외롭지만 만족한다.
- 연애운은 돈 많은 사람을 만난다.
- 인정 많고 잘해준다. 똑똑하고 능력 있고 대인관계도 원만하다.
- 육체적으로 건강하고 정서적으로 안정되었으며 정신적으로 만족한다.
- 안심하라. 고민했던 문제가 순조롭게 해결된다.
- 독립과 자유를 통한 진정한 의미의 풍요로움을 만끽하다.
- 금전적인 풍족함과 혜택을 혼자서 즐기며 마음의 평온함을 느낀다.
- 금전적인 능력을 가진 여자. 자유부인. 혼자 사는 여자.

10의 완성 직전 단계로 가진 게 많다. 금전적으로 부유하다. 손 위의 새는 매 사냥꾼으로 전문적인 비장의 방책이 있음을 말한다. 담벼락의 포도넝쿨은 보호와 결실을 의미한다. 풍요함과 넉넉함이 있다. 매는 길들여진 존재로 함께하는 인생의 반려자이다. 능력이 있고 가졌지만 주변에서 반겨주는 사람이 없고 외롭다.

10. TEN OF PENTACLES: (yes-○ ○)

▶ 부유한 가정

- 부잣집 가문. 가족과 행복. 부유. 풍요. 물질적으로 안정된 삶.
- 유리한 재산매매. 유산상속. 조업의 계승. 가업과 전통의 계승.
- 성격 좋고 가정적이다. 유리한 재산의 매매(賣買). 충성스러운 개.
- 크게 성공한다. 자신감을 갖고 전진하라.
- 넉넉하고 다복한 가정생활. 조상으로부터 이어져온 전통적 삶의 방식.
- 친척이나 가족으로부터의 따뜻한 도움.
- 안정된 사회구조로부터의 지원을 통한 지위와 부(富)의 획득.
- 앞의 카드가 안 좋으면 나쁜 상황으로부터 피신한 것이고 앞의 카드가 좋으면 좋은 결과를 보는 것이다.

3대가 함께 살며 행복하다. 할아버지로부터 넉넉한 유산이 있다. 내가 가진 것은 아니고 집안이 부유한 것이다. 금수저 집안이다. 가족의 건강과 화목을 위한다. 현금을 만질 수 있다. 안정적인 일을 중시한다. 모임에서 비용지불은 연장자가 한다. 보장성 보험이나 상조 등에 들어있다.

11. 오각별의 소년(Page of Pentacles): (yes-○ ○)

▶ 물질적 가치 존중

- 장학금. 알바. 저금. 신중. 희망. 강한 목표의식.
- 미래의 발전적 사업을 새롭게 시작한다. 앞으로 잘된다.
- 돈을 벌 수 있는 좋은 기회가 온다.
- 집중과 몰입. 지식의 탐구. 심사숙고. 새로운 사업적 아이디어.
- 믿을 수 있고 기술력 있는 기능과 재능이 있는 사람.
- 깊은 집중력으로 전념할 수 있는 능력이 있다.

들판에서서 소년이 별을 두 손으로 받아들고 매우 호기심 어린 눈으로 바라보고 있다. 소년은 그 별을 통해서 무엇을 얻을 수 있을까? 무엇이든지 열심히 하는 그에게 아마 좋은 결과가 있을 것이다. 당신도 노력한다면 좋은 결과가 나올 것이다. 10대의 미숙한 어린이가 돈을 높이 들고 있다. 장학금. 복권당첨. 불로소득. 유산 등으로 돈을 받고 있는 상황. 그러나 아직까지 성숙하지 않았다. 그러므로 집중력과 심사숙고하는 태도가 필요하다. 머지않아 새로운 희망과 돈을 벌 기회가 생길 것이다.

12. 오각별의 기사(Knight of Pentacles): (yes-○○)

▶ 믿음직한 사업가

- 규칙적인 인물. 근면. 성실한 모범생. 인내의 상징. 성숙한 사람.
- 일을 시작하면 끝을 본다. 믿음직하다.
- 오랫동안 기다려온 일은 빨리 성사되고 이제 시작한 일은 오래 끈다.
- 참을성과 인내심 있고 매력적인 사람이다.
- 성숙하고 믿음직한 사람. 규칙적이고 참을성 있는 사람. 성실하게 임무를 완수하는 사람. 임무를 완성할 수 있는 능력이 있는 사람. 보수적인 사람.

네 가지의 기사 중에서 가장 안정적인 모습을 하고 있다. 다른 기사들이 가지고 있는 활력 넘치는 모습과는 달리 침착함을 바탕으로 한 믿음이 있다. 모든 일을 함에 있어서 시간이 걸리더라도 절대 포기하지 않고 끝까지 해내고야 말 것이다. 흰 말이 아니고 검은 말이므로 거쳐 온 과정이 쉽지 않았고 오랫동안 열심히 노력해 왔다. 목표에 다다라서 멈추고 정지해서 가만히 있다. 그러므로 빨리 움직여서 목표를 달성하라. 지금 멈추면 죽도 밥도 아니다. 성숙되고 믿음직한 규칙적인 사람이며 참을성과 인내심이 강한 사람이다. 근면하게 열심히 일하여 임무를 완성할 수 있는 능력이 있다.

13. 오각별의 여왕(Queen of Pentacles): (yes-○ ○ ○)

▶ 관대한 사업가

- 번영. 행복. 편안함. 안전. 자비. 우아함. 부유하고 풍요로움.
- 현모양처이며 똑똑하고 물질적 가치를 잘 알고 있다.
- 실용적이며 지극히 편안한 사람이다. 관대하고 우아하고 지적이다.
- 사업적으로 현명하며 서서히 성공을 이룬다.
- 인정 많고 현실적이며 돈을 많이 벌고 결과가 좋다.
- 연애운은 잘 지내다 좋게 끝난다. 해피엔딩을 한다.

실용적이며 물질적인 가치를 중시하는 사람이다. 그러기에 그녀의 손에는 많은 것들이 들려 있다. 별은 그녀가 가진 많은 것들의 상징이다. 하지만 그녀가 진정으로 중요시 하는 건 가치에 있지 물질 그 자체에 있는 것은 아니다. 이런 사람을 만난다면 매우 큰 도움이 될 것이니 스스로 이러한 사람과 가까워지려고 노력하라. 부정적 의미로는 너무 물질에 집착하다가는 본질을 놓치는 수가 있음을 말한다. 큰 별을 배, 자궁에 안고 있다. 그러므로 임신을 했다. 다산을 상징하며 돈도 있고 모성애 강한 현모양처이다. 존엄하고 부유하며 관대하고 자비로운 사람으로 유용한 사람이다.

14. 오각별의 왕(King of Pentacles): (yes- ○ ○ ○ ○)

▸ 사업적인 통찰력

- 재물의 왕. 재벌. 경험 많은 지도자. 신뢰할 수 있는 사람.
- 현명한 투자. 풍요. 수확. 메이저카드의 태양 카드와 동급.
- 여유 있고 똑똑하고 리더십이 있다. 남성적 능력이 있다.
- 연애운은 돈 많은 사람 만난다. 신뢰할 수 있는 혼인 상대이다.
- 재물을 획득할 수 있는 능력의 소유자로 가진 걸 가지고 인심을 쓴다.
- 누구와도 쉽게 협상하고 거래할 수 있는 뛰어난 사교적 수완의 소유자로 사업적인 통찰력과 수학적 능력과 실용적인 기질이 있다.

왕은 많은 것을 가지고 있다. 뛰어난 통찰력으로 이렇게 많은 재물을 벌어들인 것이다. 재물에 대한 욕심은 없으나 왕으로서 갖추어야 할 리더십이 있는 대단한 사람이다. 그는 재물에 대한 집착으로 타락한 사람이 아니며 성실한 노력으로 돈을 벌었다. 또한 자신이 번 돈을 아낌없이 사람들에게 나누어주는 사람이기도 하다. 풍성한 옷과 포도그림은 가진 게 많음을 나타낸다. 악마를 누르고 나쁜 것을 막을 힘이 있다. 경험이 많은 성공적인 지도자와의 만남. 신뢰할 수 있는 혼인 상대로 훌륭한 신랑감이다. 재물을 획득할 수 있는 능력이 있고 사업적인 통찰력과 수학적 능력이 있는 충실한 친구이다.

06

배열법과
타로카드 리딩 하기

06
배열법과 타로카드 리딩 하기
TAROT CARD

1. 기본 배열법

1) 과거   2) 현재   3) 미래를 나타낸다.

1) 시작   2) 중간과정   3) 결과를 의미한다.

1) 자신   2) 상대   3) 결과를 보여준다.

2. 미래를 점치기

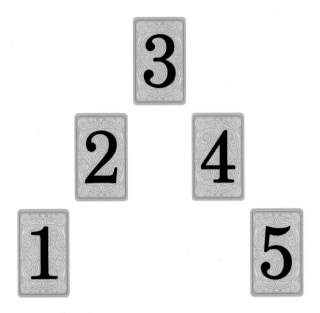

1) 현재 상태   2) 현재 바라는 희망 사항   3) 현재 바라지 않는 사항

4) 가까운 미래(1~2개월 내)   5) 먼 미래(최소 6개월)의 상황을 보여준다.

3. 켈틱 십자가 배열법

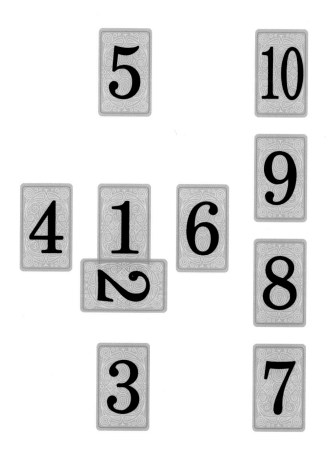

1) 질문자 자신의 현재 상황   2) 현재의 장애요소   3) 먼 과거

4) 가까운 과거   5) 가까운 미래   6) 먼 미래   7) 자신의 희망사항

8) 주변의 상황과 여건   9) 두려움과 문제점   10) 결과

4. 애정운

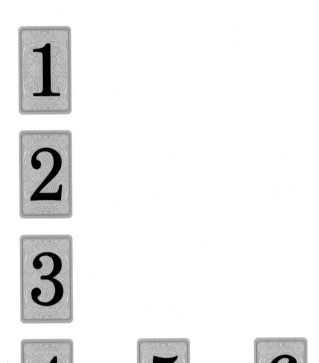

1) 과거의 사랑 경험   2) 현재의 사랑 경험

3) 당신이 이성에게 원하는 것   4) 애정 관계에서 필요한 것

5) 연인에게 주어야 할 것   6) 미래의 결과

5. 오늘의 운세

1) 아침   2) 점심   3) 저녁의 운세를 말한다.

6. 한 달 운세

1) 전체적 한 달 운세   2) 첫째 주   3) 둘째 주

4) 셋째 주   5) 넷째 주

7. 짝사랑의 애정운

1) 질문할 당시 당신의 감정 → 사랑하는 상대방에 대한 자신의 태도

2) 좋아하는 사람을 어떻게 볼 것인가?

3) 예전에 했던 실수에서 무엇을 배워야 할까?

4) 상대방과 나는 어떻게 관계를 맺을 수 있을까?

5) 어디에서 어긋났을까?   6) 어떤 행동을 해야 할까?   7) 결과

8. 두 가지 상황에서 선택을 하려면

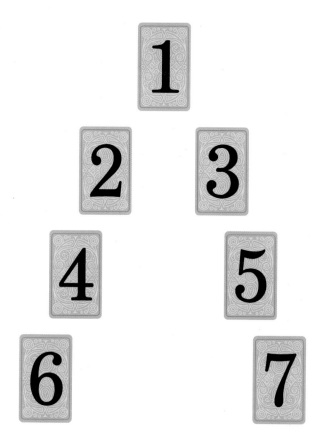

1) 현재 상황   2) A 사안   3) B 사안   4) A의 과정

5) B의 과정   6) A의 결과   7) B의 결과

9. 성공하기 위한 방법 찾기

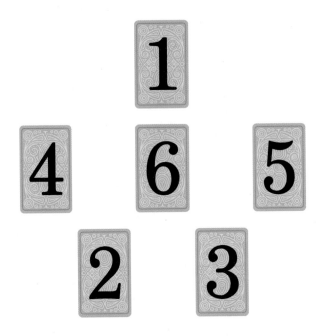

1) 현재 상태　　2) 필요로 하는 것　　3) 다른 사람들에게 받아야 할 도움

4) 하지 말아야 할 것　　5) 꼭 해야 할 것　　6) 결과

10. 동서남북 배열법

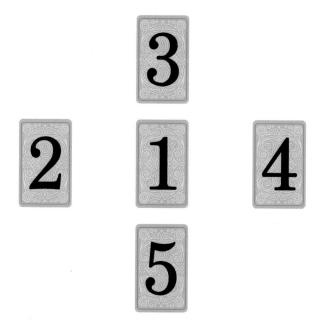

1) 중앙: 질문자의 현재 상황을 보여준다.

2) 서쪽: 질문과 관련해서 과거 또는 과거에 일어난 일.

3) 북쪽: 질문과 관련해 자신 속에 숨겨진 무의식.

4) 동쪽: 질문에 대해 표면적으로 나타내고 있는 의식.

5) 남쪽: 결과. 가까운 미래에 어떤 결과가 나타날지 알려준다.

11. 타로카드 해석 방법

카드를 잘 읽기 위해서는 카드 그림의 상징과 그 의미와 키워드를 잘 익혀야 하는 것은 기본이다. 그리고 질문에 맞게 해석하는 실력을 쌓기 위해 많은 시간과 노력을 들여 연습을 해야 한다.

우선 천천히 호흡을 하며 마음과 정신을 하나로 모은다. 그 다음 카드를 셔 플링하고 상담을 받는 내담자에게도 정신을 집중하게 한 뒤 질문을 하도록 한 다. 왼손을 타로카드 위에 대고 정확한 질문을 세밀하게 하게 한다. 예를 들면 "지금 투자하면 결과가 어떻게 될까요?"같은 방식으로 질문을 유도한다.

그 다음 상담사는 카드 배열법을 머릿속으로 정하고 카드를 펼치는 스프레드 를 한다. 카드 배열법은 1장, 2장, 3장, 5장, 6장, 7장, 8장, 9장, 켈틱 십자가 배열법 등이 있다.

배열법에 맞는 카드의 수를 내담자가 평소 쓰지 않는 손으로 뽑게 한다. 그 이유는 쓰지 않는 손을 통하여 무의식, 잠재의식의 세계와 만나게 하기 위해서 이다.

카드를 뽑고 나서 배열법대로 놓은 뒤 타로카드 의미를 본격적으로 해석하면 된다. 카드를 해석하는 방법은 크게 세 가지로 나눌 수 있다.

1) 카드를 해설서대로 해석하는 방법이 있다. 책에서 있는대로 정방향의 의 미와 역방향의 의미를 알려주면 된다. 책을 보고 하는 거라 쉽게 봐줄 수 는 있지만 답이 정해져있고 융통성이 없다.

2) 카드 각각의 키워드를 가지고 해석하는 방법이 있다. 숫자에 대한 의미도 일종의 키워드이다. 이 방법은 그래도 상당히 질문에 잘 맞게 얘기해 줄 수 있으므로 기본적으로 익혀야 할 키워드의 내용들을 꼭 숙지해야한다. 마치 바둑을 둘 때 정석을 배우는 것과 같다.

3) 각각의 카드들의 이미지와 상징을 보고 직관의 통찰력으로 해석해준다. 실력자들은 타로를 보기 위하여 그림과 상징에 대한 의미를 파악하고 유 추해서 카드가 말해주는 뜻을 읽어낸다. 이 방법은 매우 어렵다. 이러한 경지에 도달하기 위해서는 많은 공부와 경험과 감이 필요하다.

카드를 처음 배워 해석하는 사람들은 두 번째 방법을 통해서 기초를 닦고 감 과 직관력을 키워야 좋다. 물론 3번째 방법이 가장 좋지만 초보자에게는 어려울 수 있어 시간과 노력이 필요하다. 예를 들어 컵 9번 카드를 보면 한 명의 상인이 웃으며 의자에 앉아있고 컵 9개가 뒤에 가지런히 놓여있다. 만약 금전운이나 직장운을 물었다면 컵은 감정, 기쁨, 그리고 인간관계를 나타내고 9란 숫자는 완성의 숫자로 10번 아래이므로 대단히 기쁘고 만족할 만한 결과가 나오겠다는 것을 유추할 수 있다. 간혹 9명의 도움으로 그렇게 될 수도 있을 것이다.

쉽게 되지는 않지만 계속해서 노력한다면 떠오르는 영감과 의미들이 만들어진다. 그렇게 얻은 느낌과 생각을 가지고 해석한다면 어떤 감이라는 것이 오고 효과적인 상담을 할 수 있을 것이다. 그 직감과 영성이 키워지면 어떤 질문을 받아도 술술 해석을 할 수 있게 된다.

주의할 점은 카드를 해석 할 때에는 반드시 선입견이나 편견을 버리고 마음을 비워야 한다. 사심이 들어가면 해석이 잘 안 된다. 다시 말해서 카드를 배열법대로 펼쳐놓은 뒤 처음에 머릿속에 떠오르는 느낌과 생각을 얻는 영감이 중요하다.

오늘의 운세나 문제의 해결방법이나 일의 결과를 묻거나 여러 가지 질문을 하고 배열법대로 놓은 뒤 해석해보고 그 내용을 일지에 적어서 남겨두고 계속 연구한다면 타로해석의 실력을 향상시키는데 크게 도움이 될 수 있을 것이다.

07

각 카드별 애정운

1. 메이저 카드 / 2. 마이너 카드

07

각 카드별 애정운

TAROT CARD

◆

1. 메이저 카드

0. The Fool(광대)

당신이 해줄 수 있는 것보다 많은 것을 바라거나 당신을 속박하려는 누군가가 있다. 당신은 지금 감정이 상당히 혼란스럽다. 기대하지 않았던 일이 일어날 수도 있다. 모든 것을 버리고 사랑에 빠져 버리거나 아니면 상대로 하여금 절대로 다가오지 못하게 하거나, 당신의 머릿속은 이 두 가지 상반된 생각이 오가고 있다. 자유롭고 순박한 영혼의 당신이기에, 생긴 대로 사는 게 좋을지도 모른다.

1. The Magician(마법사)

지금 당장 눈에 보이지는 않을지 모르지만 머지않은 장래에 멋진 로맨스가 찾아올 수 있다. 혹은 옛사랑이 다시 찾아와 불붙게 될 수도 있다. 나타나게 될 사람은 당신과 텔레파시가 통할 정도로 감성이 잘 맞는 soul mate 일 것이다. 하지만 어떻게 발전하느냐는 당신에게 달려있다. 마법사의 에너지를 갖고, 조각하고, 당신이 원하고 바라는 쪽으로 이끌어가라.

2. The High Priestess(고위 여사제)

당신은 감정적 혼란 또는 얻지 못한 것에 대한 좌절로부터 도망치기 위해 사랑의 감정 또는 사랑하는 사람을 이용하려 한다. 사랑의 감정이 근본적인 탈출구가 될 수 없다. 인생에 숨겨진 비밀스런 무언가가 당신을 곤란하게 할 것이다. 과거의 기억과 꿈으로부터 해답을 찾아야 한다. 직관보다는 지성에 의지 하라.

3. The Empress(여왕)

당신은 진정한 사랑과 관심어린 애정을 바라고 있다. 그리고 당신 마음속에 풍부한 감정들을 누군가에게 쏟을 수 있기를 원하고 있다. 그러니 단순한 심심풀이 사랑을 하지는 않는다. 당신이 아직 스스로 젊다고 느낀다면 조바심을 내지 밀고 차분하게 상황을 지켜보는 것이 좋다. 너무 서두르면 원하는 사랑을 오히려 놓칠 수도 있다.

4. The Emperor(황제)

기뻐하라. 상대방도 당신과 같은 마음을 갖고 있다. 하지만 서두르지 마라. 상대방이 연락을 해오거나 도움을 청할 때를 기다려 자연스럽게 다가가는 게 좋다. 당신이 얻으려 애쓰는 사랑에 대해 자신을 속이면서까지 이루려 하지마라.

5. The Hierophant(교황)

로맨스가 나타나기는 하지만 당신이 바라는 형태는 아니다. 당신의 사랑이 본격적인 궤도에 오르지 못하는 이유는 당신이 지지부진한 관계보다는 보다 멋진 무언가를 원하기 때문이다. 이대로이기보단 사랑 자체를 포기하는 게 낫다고 생각할 수도 있다. 그렇지만 언제나 전부가 아니면 전무라는 식은 너무 극단적이다.

6. The Lovers(연인)

사랑하는 사람과 이별할 수가 있다. 이로 인해 큰 좌절과 소외감을 겪게 될

지도 모른다. 당신의 마음과 생각이 각기 다른 것을 원하고 있기 때문에 인생에 있어서 당신에게 닥친 과제와 인간관계 사이에서 갈등할 수도 있다. 하지만 울고 있을 때만은 아니다. 이런 때일수록 자신을 더 멋지게 꾸미고 사람들 속으로 나서는 게 중요하다.

7. The Chariot(전차)

당신은 마음속 깊은 곳의 감정을 누군가에게 털어 놓고, 근심이나 슬픔을 나누고 싶어 한다. 하지만 그렇게 쉽지는 않다. 그것은 당신이 섣불리 맘을 털어 놓았다가 상처를 입지 않을까 두려워해서일 수도 있고 또는, 당신의 인간관계가 너무 표면적이거나 잘 모르는 사람에게 성급하게 접근해서 상대방을 부담스럽게 하기 때문일 수도 있다. 지금은 상대와 직접적 대화보다는 짧은 메일이나 문자 또는 채팅 같은 비교적 간접적인 방법으로 천천히 자신을 전달하는 게 더 좋다.

8. The Strength(힘)

당신은 새로운 관계를 받아들이거나 허용할 준비가 전혀 되어있지 않다. 그것은 아마도 당신이 과거에 집착하고 있어서일 것이다. 일단 지나간 것은 흘려보내고 당신 마음의 자리를 비워 두는 게 좋다. 그래야 그 자리에 새로운 사람이 들어올 수 있다. 당신은 어떠한 일이 닥쳐도 이겨낼 수 있는 능력이 있다. 그러니 불굴의지로 당신이 원하는 상대나 사랑을 이끌어내라.

9. The Hermit(은둔자)

그 동안의 고독의 시기가 끝날 무렵에 와있다. 옛 애인이나 무언가 로맨틱한 흥밋거리가 다시 당신에게 찾아올 것이다. 하지만 당신은 언제나 이방인일 뿐이다. 언제까지나 뒷짐만 지고 서있지 말고, 달콤한 로맨스가 인생을 풍요롭게 한다는 말을 기억하라. 여행을 통해 추상적인 것들과 감상적인 것들을 얻을 수 있을 것이다.

10. Wheel of Fortune(운명의 수레바퀴)

당신은 지금 운명의 전환점에 도달해 있다. 운명은 당신을 새로운 방향으로 이끌려하고 있다. 과거의 사랑이 당신 인생에 다시 돌아오게 된다. 하지만 당신은 결정을 내리지 못하고 혼란스러워하며 앞으로 어떻게 될지 예측하기도 곤란해하고 있다. 자기 자신에게 솔직하고 스스로 무엇을 원하는지 생각해보고 그에 따르는 것이 좋을 것이다.

11. Justice(정의)

지금까지의 당신의 사랑이나 연애의 질적 수준을 볼 때 꽤 괜찮았다고 할 수 있다. 자신의 신념대로 행동하고 인간관계에 있어서는 양적인 면보다는 질적인 면에 계속 신경 쓰라. 일상생활이 허항되지 않게 잘 하면 당신 마음속에 열망하는 바를 이룰 수 있을 것이다. 양심적으로 상대를 공정하게 대한다면 상대 또한 당신을 공정하게 대우해줄 것이다.

12. The Hanged Man(매달린 사람)

당신은 상대방이 어떻게 하는지를 보려고 기다리고 있는 중이다. 그러다가 일시적인 가출을 할 수도 있다. 어쨌거나 지금의 애정은 고착상태이다. 자신을 진정으로 아껴주는 부모님이나 친구의 충고라면 그것이 입에 쓸지라도 귀 기울여 볼 필요가 있을 것이다. 구태의연한 사고와 관념을 버려야만 한다.

13. Death(죽음)

당신의 애정관계는 조만간 끝나가고 있다. 아니면 끝내기 두려워 질질 끌고 있을 수도 있다. 하지만 당신의 마음속 사랑은 끝나지 않았다. 미래를 두려워하고 있는지도 모른다. 상대방에 대한 당신의 미련이 새로운 시작을 방해할 수도 있다. 일단 이 고비를 넘기면 새로운 사랑이 기다리고 있을 것이다. 마음의 정리는 빠르면 빠를수록 좋다.

14. Temperance(절제)

누군가로부터 전화를 받거나 우연히 마주치는 일이 생길 수 있다. 그 사람은 오래전부터 당신을 좋아해왔던 사람일 수도 있고, 또는 당신이 좋아해왔던 사람일 수도 있다. 어느 쪽이건 간에 문제는 이것이 당신에게 마지막 기회가 될 수도 있고, 아니면 정리의 기회가 될 수도 있다. 좋은 사람이라면 꼭 붙잡도록 하고 스토커라면 이 기회에 퇴치해버려야 한다.

15. Devil(악마)

당신은 과거의 사랑에 대한 미련을 버리지 못하고 있다. 잃어버린 시절을 되찾고 다시 시작하기를 바라고 있다. 하지만 알다시피 지나간 일은 지나간 일이다. 당신이 예전의 모습이 아니듯 상대방도 예전의 그 사람이 아닐 것이다. 다시 시작한다 해도 당신이 생각하는 옛날과는 다른 모습이 된다. 돌이킬 수 없음에 더 좋아 보일 때가 많은 것이다. 자신의 인생을 스스로 결정하도록 하라.

16. The Tower(탑)

예상치 못한 충격적인 일이 일어난다. 연인, 친구, 가족 혹은 가까운 사람이 당신에게 거짓말을 하거나 배신하거나 바람을 피우거나 혹은 당신을 떠나게 된다. 이는 단순히 사랑을 잃는 것에서 끝나지 않고, 당신이 가진 신뢰와 애정에 상처를 남길 수도 있다. 이별은 또 다른 만남의 시작이 되니 이런 때일수록 마음을 단단히 먹고 슬기롭게 대처해야한다.

17. The Star(별)

당신은 지금 사랑을 찾고 있거나 아니면 무언가 인생의 충족감을 기다리고 있다. 꿈을 꾸며 멋진 만남을 기대하고, 특별한 사랑을 그리고 있다. 그리고 당신의 영감을 일깨우고 용기를 불어넣어줄 뭔가를 찾고 있다. 무언가를 간절히 소망하면 꼭 이뤄진다. 별은 일반적으로 기대를 충족시켜주며 좋은 행운을 가져다주는 카드이다. 그러므로 당신에게 행운이 함께할 것이다.

18. The Moon(달)

당신은 인간관계에 있어서 꿈에서 깨어나게 되고 실망하게 될지도 모른다. 잘 될 거라고 생각했는데 실은 그렇지가 않았던 것이다. 무엇보다도 큰 문제는 외부문제가 아니라 내면의 불만과 근심이다. 이럴 때일수록 자기 자신을 믿고 씩씩하게 대처하라. 만약 당신의 의도만 선하다면 문제될 게 없다.

19. The Sun(태양)

당신은 동경하고 있는 사랑을 찾지 못하고 있다. 그런데 당신이 별로 맘에 두고 있지 않은 사람들이 당신의 마음을 얻으려고 껄떡거리고 난리가 난다. 이상형을 찾는 일은 누구에게나 어렵다. 그렇다고 자존심이 있지 눈을 낮출 수는 없다. 우선, 옆에 있는 사람들에게 잘 해주라. 베풀고 살면 복이라도 받을 수 있다. 당신은 사업이나 관광차 따뜻한 지방을 여행하게 될 수도 있다. 여행을 통해 과거의 사랑의 기억을 다시 떠올리게 될 것이다.

20. Judgement(심판)

어떤 사람의 우연찮은 행동이나 태도가 그 사람에 대한 당신의 생각을 바꿀 계기가 될 수 있다. 업그레이드된 새로운 관계로 발전할 수도 있고 오랫동안 지속될 관계가 될 수도 있다. 새로운 사랑이 시작될 수도 있지만 로맨스는 강제로 만들어지는 게 아니니까 흐름에 맞기는 게 좋을 것이다. 그리고 명심하라. 행복은 당신의 바깥에 있는 것이 아니다.

21. The World(세계)

당신은 보상을 얻을 때가 되었으므로 새로운 사랑이 올 것이다. 우선은 예전에 있었던 사랑을 흘려보내는 것이 필요하다. 나타나게 될 새로운 사람을 위해서는 내 자신이 변해야 하기 때문이다. 새로운 기초 위에서 새로운 사랑이 시작될 것이다. 이 카드는 이제까지의 사랑이 결실을 맺어 완벽하게 되거나 백지 상태에서의 새로운 출발을 의미할 수도 있다. 세계카드의 춤추는 여인은 사랑이야 말로 인생의 진정한 목표라는 것을 상기시켜 줄 것이다.

2. 마이너 카드

[컵 카드]

1. Ace of Cups

당신은 예기치 못했던 전화나 편지 혹은 E—mail을 받게 될 것이다. 당신의 연애는 하룻밤 불장난이 아니라 아예 코가 꿰인다. 이는 세상에서 가장 순수한 감정인 사랑이다. 무조건적인 사랑과 수용이 주는 해방의 기쁨을 경험하게 될 것이다. 전형적인 여성의 상징인 물병과 연관으로 볼 때, 이 Ace는 종종 임신이나 출산에 관련이 있다.

2. Two of Cups

당신의 불분명한 태도가 관계의 진전을 방해하고 있다. 당신은 자신이 무엇을 원하는지를 스스로에게 또 상대방에게 확실히 해둘 필요가 있다. 지금은 사소한 논쟁이나 다툼을 해결하기에 적절한 시기이다. 명쾌한 결론이 나기 전까지는 상대와의 만남도 그 어떤 약속도 하기 어려울 것이다. 당신이 다른 사람과 헌신적인 인간관계로 돌입하기 전에 당신이 인생에서 원하는 것과 필요로 하는 것에 대해 확실히 해둘 필요가 있다.

3. Three of Cups

당신은 사랑받기 원하고 있다. 누군가가 당신을 신경 써주고, 배려 해주고, 지켜주기를 바라고 있다. 하지만 그런 감정을 느끼기에 당신의 마음은 너무나 닫혀 있다. 만약 당신이 인간관계로 골머리를 썩고 있다면 해결될 것이며, 불화는 행복한 만남으로 바뀔 것이다. 비어있는 컵은 그 누구의 갈증도 풀어 줄 수 없다는 것을 명심하라.

4. Four of Cups

당신에게는 선택의 기회가 많은데 그에 대한 매력을 못 느끼고 있다. 어떤 사람이 당신에게 기회를 줄 때조차도 당신은 그것을 무시한다. 아마도 당신은 인생의 좋은 것들에 진저리가 났거나 미래가 황량해 보이는 마음이기 때문일지도 모른다. 이유가 무엇이건, 당신은 사랑과 행복과 만족을 위한 기회를 무시하고 있다. 사실 당신은 누군가를 죽도록 원하고, 그리워하고 있다. 그 사람과 다시 만나게 될 수 있기를 열망하고 있다. 욕망과 열정으로 가슴이 끓고 있다. 가슴 속의 냄비가 다 타버리기 전에 빨리 조치를 취해야 한다.

5. Five of Cups

당신은 해답을 찾지 못하고 있다. 사랑의 관계를 시작하는 것이 당신의 성질에 맞지 않은 것이라는 것을 스스로 잘 알고 있기 때문이다. 또는 순간적인 충동으로 누군가와 함께한다는 것은 옳지 않다는 생각이기도 하다. 당신의 감정을 숨기는 것은 옳지 못한 일이다. 지나간 것은 지나간 것이다. 지나간 것에 연연해하지 말고, 당신에게 남아있는 것을 소중히 하는 자세가 필요하다.

6. Six of Cups

당신은 사랑을 갈망해 왔다. 당신은 곧, 당신의 맘을 열어젖히고, 눈을 번쩍 뜨게 해줄 새로운 희망의 상대를 만나게 될 것이다. 과거의 어떤 사람이나 혹은 어떤 일들이 당신을 도와주러 오게 될 것이며, 새로운 영감과 새로운 에너지를 공급해 줄 것이다. 이는 당신을 황홀하게 해줄만큼 멋진 일이 될 것이다.

7. Seven of Cups

당신의 마음은 여러 가지 상념으로 가득 차있다. 당신은 진지한 만남과 진지한 교제를 찾고 있는 중이다. 하지만 당신 머릿속의 복잡한 생각들 때문에 사랑을 생각할 여유가 없는지도 모른다. 당신은 혼란함과 우유부단함 속에 감동적이며 혁신적인 사랑이 실현되기를 기다리고 있다. 그것을 끌어내어 현실화 시키라. 단순하게 사는 게 행복해지는 지름길이 될 수도 있다는 것을 명심하라.

8. Eight of Cups

당신은 감동 없는 만남을 하고 있다. 그러한 만남은 당신을 채워줄 수 없다. 감정의 동요도 어떤 Feel도 없을 것이다. 당신이 만약 누군가를 만나는 중이라면 지나친 부담이나 소극적인 태도 때문에 서로가 소외감을 느끼게 될 수도 있고, 그로 인해 멀어질 수도 있다. 당신은 아마도 애정이 식어가는 단계이거나 인간관계의 권태로움을 느끼는 것일 수도 있다. 오래된 커플이라면 서로에 대해 신경 쓰는 게 좋을 때이다.

9. Nine of Cups

당신은 다른 사람과 다른 방식으로 예전과 같은 행복한 관계를 갖기를 꿈꾸고 있다. 하지만 예전이 아무리 좋았다고 해도, 그때와 같아질 수는 없는 것이다. 오히려 더 나아질 것이다. 기대하라. 앞으로 펼쳐질 사랑은 이제까지보다 훨씬 더 멋진 것이 될 것이다. 긴장을 풀고 편안하게 로맨스를 즐기라. 멋진 앞날을 기대해도 좋다.

10. Ten of Cups

격렬한 감정의 사랑이 찾아올 것이다. 정말 특이한 사랑을 하게 될 것이다. 마침내 안전하고 보장된, 행복하고 충만한 진정한 행복을 느끼게 될 것이다. 이것은 당신에게 주어진 선물이다. 관습에 얽매이지 않는 행복하고 자유로운 로맨스를 만끽하게 될 것이다.

11. Page of Cups

당신은 미래에 대해 궁금해 하며 진심으로 걱정하기도 한다. 하지만 때로는 모르는 게 속편할 수도 있다. 워낙 감수성이 예민한 당신이니 언젠가는 자연스럽게 기회가 오겠지만 어쨌거나 지금 당장 좋은 로맨스가 다가올 것으로 보이지는 않는다. 만약 당신이 결혼한 사람이면 임신이나 출산에 대한 뚜렷한 가능성이 엿보인다.

12. Knight of Cups

새로운 느낌의 사랑이 당신 인생에 찾아들 것이다. 이는 당신의 정신을 깨우고, 감정을 풍부하게 만들며, 긍정적인 마음을 갖게 만들 것이다. 당신의 감정이 최근 몇 달 동안 느끼지 못했던 행복을 찾음에 따라 긴장과 외로움이 사라진다. 비행기를 타는 등의 새로운 방법 또는 새로운 도전이나 환경으로의 여행이 그동안의 긴장과 고독 속에서 해방시켜 줄 것이다. 낯선 사람과의 만남이 좋은 기회를 가져다 줄 것이다.

13. Queen of Cups

많은 기회들이 당신에게 다가올 것이며, 좋은 사람이 당신 인생에 나타나게 될 것이다. 그 사람은 상당히 독립적이고 전문적인 타입의 사람이며 당신은 그 사람에게 흥미를 느끼게 될 것이다. 당신은 그 사람을 생활환경 주변이나 당신의 집 주위의 무척 가까운 곳에서 찾게 될 것이다. 그러니 동네 슈퍼나 비디오 가게를 갈 때라도 대충 츄리닝 바람으로 다니는 실수를 범하지 않도록 하라.

14. King of Cups

당신은 로맨틱하거나 행복한 분위기에 젖게 될 것이다. 그는 당신의 생일이 아닌데 꽃을 보내줄 만큼 멋진 사람인데 그의 감정은 가끔 애매함과 둔감함 사이를 오가다가 로맨스로 돌입할 수 있는 몇 번의 시도를 할 것이다. 하지만 당신은 일과 이상적 사랑 사이에서 갈등하게 될 것이다. 긴장감 있는 팽팽한 접전이 예상되는 시기이다.

[지팡이 카드]

1. Ace of Wands

당신은 혼자 있는 것을 원치 않으며 그렇다고 일회성 만남 같은 가벼운 관계를 원하는 것도 아니다. 당신은 진지하게 인생의 동반자를 찾고 있는 중인데 나이 많은 사람과도 잘 맞는다. 하지만 유감스럽게도 아직은 때가 아니다. 편안한 마음으로 천천히 기다려라. 필히 좋은 상대가 나타날 것이다. 새롭게 생각하고 행동하라.

2. Two of Wands

외로움을 느끼거나 행복해 보이지 않은 사람이 당신 주변에 나타날 것 같다. 그쪽에서 먼저 사귀자고 제안하거나 동거를 제안할지도 모른다. 문제는 그 사람이 이미 결혼을 했을 수도 있다는 것이다. 동정심과 사랑의 감정을 혼돈해서는 안 된다. 불륜의 사랑에 빠져 후회할 수도 있으니 심사숙고해서 결정하여야 한다.

3. Three of Wands

가야 할 것인가 말아야 할 것인가라는 어려운 결정을 내려야 할 때가 올 것 같다. 당신에게 올 새로운 인간관계는 이러한 판단을 요구할 것이다. 어떠한 결정을 내리든 후회가 따르는 것은 마찬가지이다. 인생은 짧고 당신은 혼자서 외로울 만큼 외로웠다. 다가오는 상대를 잘 잡으라. 단 그에 따른 책임도 당신 몫임을 명심하여야 한다.

4. Four of Wands

당신이 보고 싶어 하거나 만나고 싶어 하는 사람과의 약속이 깨지거나 취소될 것이다. 그리고 당신이 그 사람과는 더 먼 곳으로 이사를 가게 될 수도 있다. 실망이 크겠지만 좌절하거나 포기해서는 안 된다. 상대방이 잘못되지 않는 한 재회의 기회는 얼마든지 있으니 초조해하지 말고 기다려라.

5. Five of Wands

진정한 사랑과 로맨스가 당신 옆에 있다. 하지만 당신의 마음은 이미 다른 곳에 가있고 당신은 쓸데없이 겉돌고 있다. 색다른 도전이나 물질적 풍요도 중요하겠지만 그것이 정서적 빈곤으로 이어진다면 곤란하다. 당신의 마음을 열고 진심으로 상대를 대해야 한다.

6. Six of Wands

멋진 사랑이 온다. 섹시하고 본능적이며 정열적인 사람이 당신의 마음을 얻으려고 다가올 것이다. 당신보다 나이가 어린 연하일수도 있다. 남들이 모두 부러워한다. 좀 바보 같아 보일 수도 있으니까 너무 좋은 나머지 오버를 하지만 마라.

7. Seven of Wands

혼자서 생각이 많은 때이니 이성과 사랑에 대해 관심이 많아지게 된다. 누군가와 함께 산다거나 혹은 결혼에 대해서도 생각하게 된다. 타이밍만 좋으면 기대하지 않았던 사랑을 얻을 수도 있겠다. 당신은 자신 있게 결정하고 자신의 내면의 힘과 판단으로 경쟁자를 누르고 승리할 것이다.

8. Eight of Wands

이 카드는 애정운에 있어서는 최고이다. 사랑을 꽃피우기에 아주 좋은 시기이다. 이 카드를 뽑았는데도 좋은 사람이 생기지 않는다면 주위를 잘 둘러보라. 남모르게 당신을 연모하며 밤잠을 설치다 토끼 눈이 된 사람이 한두 사람이 아니다. 세상은 당신이 생각하는 것 보다는 좁고 오히려 등잔 밑이 어두울 수도 있다.

9. Nine of Wands

심기가 불편한 삼각관계가 생긴다. 당신의 사랑을 놓고 두 사람이 겨루게 된다. 당신은 그 꼬인 관계를 풀거나 해답을 찾기 위해 고심하게 될 것이다. 하지만 당신이 찾아낸 답은 당신을 더욱 고통스럽게 만들거나 힘들게 할 것이다. 상황이 복잡하더라도 너무 고심하지는 마라. 모두 다 당신이 잘난 탓이다.

10. Ten of Wands

당신은 사랑 때문에 고통을 받고 있다. 당신은 사랑하는 사람에게 무슨 일이 생겼는지 알 수 없거나 혹은 그 사람의 마음을 알 수 없어서 초조해하고 있다. 상대방에게 연락이 오기만을 기다리며 궁금해 하고 애가 탈 뿐이다. 당신이 가끔 혼자이고 싶을 때가 있듯이 상대방도 마찬가지일 거라는 생각을 해보라. 때로는 모른 척 기다려 주는 것이 사랑일지도 모른다.

11. Page of Wands

당신은 사랑에 대한 불안심리를 가지고 있다. 사랑하는 사람과 함께 할 수 없을지도 모른다는 생각이나 혹은 함께할 수 있을지라도 그것이 진정한 사랑이 아니거나 자기희생이 없는 표면적인 관계가 되지 않을까 두려워하고 있다. 연인들에게 이런 불안이 오는 경우는 두 가지가 있다. 너무 지나치게 사랑하거나, 아니면 사랑이 식어가는 걸 스스로 느끼기 때문이다. 하지만 사랑을 포기하지는 마라.

12. Knight of Wands

당신이 진심으로 사랑하는 사람을 만나게 된다. 그 사람은 마치 오래전부터 알고 지냈던 사람처럼 친근하고 편안한 느낌을 줄 것이다. 서로가 친밀한 감정과으로 신뢰를 나눌 수 있는 깊은 관계로 발전할 것이다. 마음이 맞는 사람과 함께할 수 있다는 것은 커다란 축복이다. 이 사람이다 싶으면 무조건 밀고 나가라. 당신이 이 사람이라고 생각하는 순간 사랑을 얻게 될 것이다.

13. Queen of Wands

오랫동안 당신을 짝사랑해온 사람이나 좋은 인연이 곧 나타나게 될 것이다.

대단히 정열적인 로맨스가 가까이 왔다. 당신의 혼란은 정리가 될 것이다. 그리고 다른 사람에게 사랑받고 배려 받는 일이 얼마나 행복한 일인지 알게 될 것이다. 연상의 여인이 도움이 되어주거나 아니면 반대로 방해가 될지도 모른다.

14. King of Wands

사랑의 상처 혹은 애정문제가 당신 마음의 문을 닫아 버렸다. 내면의 상처를 드러내지 않고, 아무렇지 않은 척 하는 것이 오히려 당신 내면의 부담을 더 크게 만들고 있다. 마음을 넉넉하고 여유 있게 가지라. 당신이 마음의 문을 오픈 한다면 의외로 사랑은 쉽게 찾아질 것이다. 아마도 그 사람은 당신보다 나이가 좀 많고, 당신을 뒤에서 충분히 도와줄 수 있는 그런 사람일 것이다.

[검 카드]

1. Ace of swords

당신은 생각지 않은 사람으로부터 전화나 문자를 받게 될 것이다. 당신에게 반했거나 당신을 짝사랑하는 사람으로부터 온 고백이다. 바로 사랑의 고백이다. 이는 큐핏트의 화살처럼 날아와 꽂히는 새로운 사랑을 의미하기도 한다. 아주 열정적인 로맨스가 시작될 것이다.

2. Two of Swords

당신에게 상상하지 못했던 일이 일어날 수 있다. 새로운 로맨스가 시작되거나 또는 그 비슷한 가능성이 있는 인간관계가 시작된다. 그 상대는 매력적이고 편안하며 무진장 돈이 많은 사람일 수도 있다. 크게 축하받을 일이다. 어떻게 이런 사람이 당신에게 매력을 느낄까 하는 것은 이 카드를 자세히 보면 알 수 있다. 바로 상대의 눈에 뭔가 씌어 있기 때문이다.

3. Three of Swords

당신은 과거의 상처가 아물지 않았다. 이 상처 때문에 당신은 다른 사람에게 다가가는 것을 두려워하고 있다. 당신의 고통의 원인을 결별이나 이혼을 통해 제거하는 것이 필요할지도 모른다. 당신의 인생에 도움이 되지 않은 것들은 버리는 것이 때로는 당신의 고통을 멎게 하는 유일한 길일 수 있다. 지금은 때가 아닐지 모르지만 언젠가는 당신의 상처까지 감싸줄 수 있는 멋진 상대가 나타날 것이다.

4. Four of Swords

당신은 지금 기력이 바닥났고 애매한 곤경에 빠져있다. 당신은 인간관계에 있어서 벽에 부딪쳐 소외되고, 격리되어 다른 사람들과는 동떨어진 세상에 떨어져있다. 하지만 이러한 부정적인 상황은 극복하려고 마음만 먹는다면 쉽게 헤쳐 나갈 수도 있는 문제이다. 그러므로 이러한 상황을 오히려 자신에게 활력을 불어 넣어줄 수 있는 기회로 활용하여야 한다.

5. Five of Swords

당신은 사랑을 원하고 있다. 하지만 사랑을 얻기 위해 자신을 기만하지는 마라. 배신과 파괴가 당신 주변에서 일어날지도 모른다. 이런들 어떠하랴 저런들 어떠하랴는 식의 태도는 당신 자신에게 좋을 것이 없다. 만약 당신이 이런 상황을 돌파하려면, 무언가 결정적인 행동을 취하여야 한다. 엉덩이를 붙이고 앉아 사랑과 자유가 공짜로 들어오기를 바라서는 안 된다.

6. Six of Swords

발전적이고 안정적이던 삶의 방향이 갑자기 실망스러운 상황으로 바뀌게 된다. 애정관계는 잠시 지연되거나 냉전 상태가 될 것이다. 그렇지 않으면 상황이 훨씬 더 나쁜 쪽으로 갈 수도 있다. 그러므로 주변 사람에게 화풀이라도 하면서 현 상황을 견뎌내야 한다. 당신은 아마 배를 타고 멀리 여행을 갈 수도 있다.

7. Seven of Swords

당신에게 마음이 있는 사람이 당신에게 연락을 하거나 만나러 올 것이다. 너무 싫지 않다면 한번 만나주시는 것도 좋을 듯하다. 사랑을 받는다는 사실에 감사할 줄 아는 것도 중요하기 때문이다. 하지만 이럴 때일수록 분별력 있고 약게 행동하여야 된다.

8. Eight of Swords

당신은 상대에게 갇혀 있다는 느낌을 받고 있다. 하지만 실제로는 제한 받는 것이 아니라 보호받고 있는 것인지도 모른다. 현 상황에서 당신의 입장을 바꿀 필요는 없다. 하지만 너무 갑갑하다는 느낌이 들면 굳이 참고 견딜 필요는 없다. 시간이 지나면 지금 잘 풀리지 않았던 일들에 대해 오히려 감사하게 여겨지는 때가 올 수도 있다.

9. Nine of Swords

당신은 보이지 않는 근심으로 가슴 아파하고 있다. 우려와 난국이 잠재해있다는 사실 자체가 당신을 절망으로부터 공격받기 쉬운 상태로 만들며 이별 수까지 가지고 온다. 당신은 슬픔과 불안을 느끼고 있다. 하지만 당신이 두려워하는 일은 사실도 아니고 일어나지도 않는다. 잠깐의 시간이 지나면 사랑하는 상대와 다시 만날 수 있을 것이다.

10. Ten of Swords

최악의 상태가 지났음에도 불구하고 당신은 계속 고민을 하고 있다. 이는 당신이 과거를 완전히 청산하지 못하고 새로운 시작을 두려워하고 있기 때문이다. 당신은 자신이 진정 원하는 사랑이 무엇인지 몰라 계속 망설이고 있다. 당신이 무엇이든 분명한 결정을 내린다면 상황은 바뀌어 갈 것이다. 최악의 시기는 끝났다. 이제 새로운 사랑을 시작하기에 앞서 주변의 쓸모없는 것들을 정리하기만 하면 된다.

11. Page of Swords

당신은 과거의 괴로웠던 기억으로부터 도망치고 싶어 한다. 하지만 생각처럼 여의치가 않다. 머지 않는 장래에 기대하지 않은 일이 일어날 수 있으니 과거의 정리가 빠를수록 좋다. 당신 주변에 있는 이성들이 당신을 진지하게 받아들이지 않는지 모르기에 쓴 소주 한잔으로 외로움을 달래야 하는 운이다

12. Knight of Swords

엄청나게 큰일이 일어난다. 당신이 느끼지도 못하는 사이에 당신의 연애인생을 송두리째 뒤흔들 엄청난 사랑의 상대가 다가올 것이다. 지금은 무엇보다 행동하는 것이 중요하다. 당신의 생각을 적극적으로 표현하라. 과감하고 단도직입적으로 당신의 의지를 밝혀라. 지금부터 당신의 인생은 드라마틱하게 바뀔 것이다.

13. Queen of Swords

당신은 사랑하는 사람과 머지않아 이별하게 될 것이다. 당신 인생에 있어서 가장 소중한 것을 잃어버린 느낌일 것이다. 두 번 다시는 그런 사람을 만나지 못할 것이다. 세상에 쉽게 이뤄지는 일은 없다. 무엇으로도 대신 할 수 없다면 차라리 더 나은 사람을 찾는 게 좋을 것이다.

14. King of Swords

당신은 케케묵은 생각들과 고지식한 관념들을 버려야 할 때가 온 것이라고 느끼기 시작한다. 과거에 집착하는 것은 고통만을 가져다 줄 뿐이다. 지나간 것은 지나간 것으로 흘려보내고 잊어야 한다. 앞으로 법이나 권력, 무력 혹은 의약업과 관련된 직업을 가진 사람과 인연이 생길 수 있다. 당신은 냉철한 이성으로 이 난관을 헤쳐나가야 한다.

[펜타클 카드]

1. Ace of Pentacles

당신은 언제나 달콤한 사랑에 대한 생각을 하고, 멋진 상대를 만나게 되는 꿈을 꾸고 있다. 또는 이미 연인이 있는 사람이라면, 당신의 연인이 좀 더 다정다감하고, 세심하고 때로는 톡톡 튀는 사람이었으면 하고 바랄지도 모른다. 앞으로 당신에게 새로운 인연이 나타날 것이며, 기혼이라면 아이가 생길지도 모른다.

2. Two of pentacles

당신은 감정을 잘 드러내지 않지만 욕심이 많은 사람이기도 하다. 당혹스런 상황에 처하거나 나쁜 소식을 들어도 언제나 아무렇지 않은 척 하지만 당신이 미처 깨닫지 못한 사이에 당신의 연인도 이심전심으로 같은 것을 느끼게 될 것이다.

3. Three of Pentacle

과거의 아픈 추억들이 이제는 서서히 잊혀져 간다. 당신은 이제 자유로워지고, 새로운 사랑을 받아들일 준비가 되어 있다. 다가오는 좋은 기회를 반드시 잡아야 한다. 청춘이 가기 전에 돈 들이고 때 빼고 광내보라. 좋은 인연이 반드시 나타날 것이다.

4. Four of Pentacles

당신은 익숙한 것들에 집착하고 있다. 직업, 물건, 인간관계, 환경 등의 변화를 두려워하고 있다. 그렇게 닫힌 마음으로는 사랑하는 사람과의 만남에 어려움이 따른다. 예상치 못한 일이 생기거나, 시간이 안 맞거나, 일이 바빠지거나, 혹은 서로 멀리 떨어진 곳에 있다든가, 이런 식의 일들로 인연이 비켜가게 되는 운이다.

5. Five of pentacles

당신은 별로 고통을 받고 있지 않는데도 스스로 고통 받고 있다는 생각에 사로잡혀 있다. 당신은 기댈 곳 없이 가까운 사람들에게 버림받았다고 느끼고 있다. 그러기에 당신은 마음으로부터 동경하고 열망하는 그 사람과 함께하기를 원하고 있다. 아무도 그 사람을 대신할 수 없고 그 빈자리를 채울 수 없다고 생각하고 있다. 그 외에 다른 사람이 당신의 마음을 아무리 두드린다고 해도 당신은 관심이 없다.

6. Six of Pentacles

당신은 사랑하는 사람이 전화를 걸어오거나 만나주기를 기다리고 있다. 기다리는 일은 결코 즐거운 일이 아니며, 지루하고 고통스러울 수도 있다. 하지만 뒤집어 생각해보면, 누군가를 기다린다는 것은 기대에 부풀고, 희망에 가슴 설레는 순간일 수도 있다. 이는 새로운 로맨스의 시작일 수도 있고 혹은 길고긴 기다림의 시작이 될 수도 있다. 이럴 때의 애정운은 전적으로 상대의 의사에 달려있다.

7. Seven of Pentacles

당신은 사랑이라는 감정에 실망해버렸는지도 모른다. 당신은 어쩔 수 없이 혼자만의 세상으로 되돌아가려고 하고 있다. 이 고독의 시간은 생각보다 길어질 수도 있다. 하지만 언제까지나 혼자란 법은 없으니까 너무 실망하지는 마라. 히스테리를 발산하기 위해 격투기를 배우든가 외로움을 달래줄 애완견을 기르는 것이 도움이 될 수도 있다.

8. Eight of Pentacles

사랑이란 정말 붙잡기 어려운 감정일지도 모른다. 하지만 조만간 누군가가 당신의 인생을 밝혀줄 것이다. 이미 연인이 있는 당신이라면 앞으로 그 사람과 황금기를 맞이하게 될 것이다. 만약 지금 당장 누군가가 나타나지 않는다 해도 당신의 로맨틱한 매력이 결국 사람들을 끌어들일 것이다. 좋은 인연이 다가오고 있으니 기대하고 기다리라.

9. Nine of Pentacles

당신은 자신만의 이상을 쫓는 사람이다. 아무래도 당신은 우정과 사랑의 경계가 모호한 감정에 놓여 있는 것 같다. 당신은 업무적 일을 통해서나, 혹은 다른 분야의 활동에서 로맨스의 상대를 발견할지도 모른다. 긴장을 풀고 사랑을 만나기 위해 주위 사람들 중에서 잘 찾아보는 것도 좋겠다.

10. Ten of Pentacles

지금 당신에게 좋은 로맨스의 징후는 보이지 않는다. 왜냐하면, 당신의 모든 관심과 활동이 당신의 일상이나 업무, 혹은 가정사에 맞춰져 있기 때문이다. 정신적으로는 누군가를 생각할 수도 있지만 그것이 행동으로 옮겨지기거나 하지는 않을 것이다.

11. Page of Pentacles

당신은 흥미로운 연애감정을 느끼고 있으며 어떻게 하면 좋을까 하는 문제를 생각하고 있다. 어쩌면 당신의 행동에 대한 책임감을 느끼며 딜레마에 빠져있을 수도 있다. 어쨌거나 당신은 자신을 상당히 멋진 사람으로 생각하고 있고 상대와의 관계가 계속 지속될 것인가 하는 심각한 고민은 별로 하고 있지는 않다.

12. Knight of Pentacles

당신은 불안과 걱정을 가지고 있다. 당신의 업무와 일상생활의 리듬이 이성과의 만남의 기회를 갖는 것을 방해하고 있다고 생각하고 있다. 또 직관적으로 지금은 로맨스를 시작하기에 타이밍이 좋지 않다는 것을 느끼고 있다. 그러므로 지금은 애정문제는 잠시 접어두고 업무에 매진하는 것이 좋을 수 있다.

13. Queen of Pentacles

당신은 머지않은 시일 내에 대단히 특별하고 인상적인 사람을 만나게 될 것이다. 그 사람도 당신에게 매우 많은 관심을 보일 것이다. 멋지고 좋은 사랑을 기대해도 좋다. 만약 지금 사랑하는 사람과 사이가 안 좋다면 곧 해결될 테니 걱정하지 마라.

14. King of Pentales

당신은 아마도 곤경에 처하게 될 것이다. 당신의 연인은 당신의 뜻대로 행동하지 않고 전화하지도 않을 것이다. 당신은 상대방이 생각 없고 무심하고 무책임하다고 생각하고 속상할 수도 있다. 하지만 오히려 자기 자신이 지나친 에고이스트가 아닌지 생각해보는 것이 좋을지도 모른다.

08
마이너 카드 보충설명

08
마이너 카드 보충설명
TAROT CARD

I. 컵 카드

컵 에이스(시작)

- 정서생활에 새로운 장이 밝아오고 있다는 것을 상징한다.
- 컵을 내밀고 있는 그림은 적극적으로 사랑을 찾는 것이 아니라 사랑의 기회가 주어질 것을 암시한다.
- 새로운 사업이나 프로젝트 특히 마음을 끌거나 들뜨게 하거나 열정을 느끼게 하는 사업에 착수할 기회가 있음을 가리킬 수도 있다.

컵 2번(결혼)

- 사랑에 빠지고 약혼을 하고 결혼 날짜를 잡거나 굳은 서약을 하는 등 매우 강한 인간관계를 나타낸다.

컵 3번(우정과 좋은 시절)

- 이 카드가 특별한 축하의 시기를 나타내는 것을 왕왕 보았고 약혼이나 결혼 탄생의 소식을 가리키는 것도 보았다.
- 즐거움과 큰 기쁨, 파티 분위기를 나타낸다.

컵 4번(낙담)

- 바로 코앞에 있는 기회들조차 놓치고 있다는 것을 의미한다.
- 이 카드는 어떤 사람이 이미 끝났거나 심지어 제대로 가져 보지도 못한 관계에 집착하며 과거에 갇혀 있을 때 나오는 경우가 많다.
- 과거를 놓아 보내고 주위를 둘러봄으로써 다른 사람들을 알아차리라는 것, 그리고 새로운 사람들에게 기회를 주라는 것이다.

컵 5번(슬픔. 비탄)

- 정서적인 면에서 이것은 이혼과 같은 큰 상실의 카드이다.
- 사별의 고통을 겪으며 애통해 할 때 나타날 수 있다.
- 이 카드가 나올 때는 그 사람의 고통을 인정해주는 것이 중요하다.
- 그래야만 이 인물의 뒤편에 똑바로 세워져 있는 2개의 컵으로 관심을 돌릴 수 있기 때문이다.

컵 6번(순진무구함. 단순함)

- 종종 과거와 회상을 가리킨다.
- 옛 애인을 다시 만날 때 혹은 어릴 적부터 알던 사람이나 오래 전부터 알던 어떤 특별한 사람이 우리의 삶 속으로 다시 들어오는 것을 나타내는 경우가 많다.
- 현재 진행되고 있는 관계이지만 과거에 강한 뿌리를 가진 관계를 가리킬 때도 있다.

컵 7번(선택)

- 위험을 감수할 필요가 있고 당신이 아직 망설이고 있는 관계나 행동 방향에 대해 입장을 분명히 할 필요가 있음을 암시한다.
- 거의 항상 혼란스러운 상태를 표시한다.
- 과감히 뛰어들고 태도를 분명히 할 필요가 있다는 것을 보여준다.

컵 8번(실의, 의무)

- 원하는 것을 어둠이 가리고 있다. 잘못된 연애 이야기를 듣게 된다.
- 연인이 있지만 가족에 대한 책임이 우선되어야 한다고 느끼는 사람에게 나온다.
- 그런 사람은 마음이 원하는 것 대신 의무를 선택한다.

컵 9번(만족, 소망)

- 당신이 원하는 것을 얻게 되며, 더구나 기대에 부응할 것이라는 점을 나타낸다.
- 사랑과 인간관계에 대한 질문에서 주로 나타난다.

컵 10번(성공, 축하)

- 인간관계의 측면에서 이 카드는 함께 사는 것, 결혼, 자녀, 깊은 만족 그리고 지속적인 안정을 나타낸다.

2. 지팡이 카드

지팡이 에이스(기회)

- 기회. 특히 새로운 프로젝트에 대한 기회.
- 새로운 기술을 배울 기회. 여행의 기회. 도움을 주는 손길을 암시.
- 자신감이나 열성과 같은 긍정적인 에너지.

지팡이 2번(선택, 딜레마)

- 장소적인 의미에서 어디에 있을지를 결정하려는 사람에게 자주 나온다.

지팡이 3번(심사숙고)

- 산꼭대기에서 아래를 내려다본다. 심사숙고라는 요소가 있다.
- 행운을 찾는 것과 관련이 있다.
- 이 카드는 종종 앞으로 나아갈 길을 찾고 있고 해답은 바깥에 있다.

지팡이 4번(안정과 번영)

- 행복한 귀향.
- 어떤 종류의 재결합 또는 휴가나 휴식을 의미한다.

지팡이 5번(사소한 논쟁. 다툼)

- 이 기드는 진행 중인 논쟁이나 직장에서의 이해관계를 말한다.
- 다른 사람들의 다툼 또는 중상모략에 연루되거나 둘러싸일 때 나온다.
- 분열과 다툼을 나타내며 불화와 옹졸함, 사소한 말썽을 가리킨다.

지팡이 6번(성공. 승리)

- 결혼식. 시험의 합격 혹은 힘든 상황에서의 성공적인 결과를 말한다.

지팡이 7번(자기방어)

- 이 카드는 스스로 일어서는 것이 중요함을 말한다.
- 용맹과 용기의 카드이다.
- 사랑하는 사람을 위해 보호자의 역할을 맡는 것을 의미한다.

지팡이 8번(이동과 전진. 성공과 만족)

- 기대하거나 원하던 사건들이 펼쳐지기 시작할 것이라는 의미이다.
- 억제하고 있었거나 문제와 고통을 일으켜왔던 정서적인 속박으로부터의 해방을 의미한다.

지팡이 9번(인내하기 힘든 한계상황)

- 어떤 종류의 호된 시련이나 인내시험의 한가운데에 있을 때 잘 나온다.
- 어떤 상황에서든 기억해야 할 중요한 점은 아직 끝나지 않았다.

지팡이 10번(무거운 짐)

- 업무의 압박감이나 특정한 상황으로 책임이 너무 벅차 감당하기 힘들 때 나타나는 경우가 많다.

3. 검 카드

검 에이스

- 종종 새로운 모험적 프로젝트나 사업을 말하는데 대개는 시작단계나 미성숙 단계에 있는 것을 나타낸다. 따라서 도전의 추구나 야망의 실현은 분명히 성공할 것이다.
- 소송을 진행 중이거나 다른 사람을 위해 대신 싸우고 있을 때도 나타날 수 있다. 용기, 지략, 일편단심의 필요성을 말한다.

검 2번

- 정신적 마비 상태에 빠져서 결정을 내리거나 단호히 행동할 수 없을 때 나타나는 경우가 많다.

검 3번

- 이 카드는 우울한 기분이나 쓸쓸한 실망감, 좌절이 엄습하는 카드이며 최악의 경우에는 당신에게 깊은 상처를 준 어떤 사람 혹은 어떤 것으로 인한 가슴이 찢어지는 슬픔과 아픔, 고통을 가리키는 카드이다.

- 우울한 그림이나 이 카드가 나올 때는 태양이 다시 나오기를 기다려야 하는 경우일 때가 많다.

검 4번(회복과 치유)

- 종종 질병을 나타내는데 특히 회복기에 접어드는 상태를 보여준다.

검 5번(패배)

- 주된 메시지는 파괴적인 상황에서 벗어나라는 것이다.
- 왜냐하면 당신은 거의 확실하게 패배할 싸움을 하고 있기 때문이다.

검 6번(여행)

- 슬픈 사연 때문에 여행을 하게 된다는 의미이다.
- 궁극적으로는 자기발전과 향상의 카드이다.

검 7번(도주)

- 자신이 어떤 일을 처리한 방법에 대해 죄의식을 느낄 때 나온다.
- 만약 이 카드가 다른 사람을 가리키는 것이라면 그는 당신에게 죄의식을 느끼고 있거나 어떤 것에 대한 당신의 대응을 두려워하고 있음을 의미할 수 있다.

검 8번(힘)

- 어떤 환경이나 누군가에 의해 구석에 몰리거나 갇혀 있다고 느낀다.

검 9번(근심, 절망과 불안)

- 지금 최악의 상황을 가정한 두려움들로 자신을 몹시 괴롭히고 있음을 의미.
- 이러지도 저러지도 못함으로써 아무런 도움이 되지 않는 일종의 교착상태나 마비상태를 가리키는 검 2번 카드와 비슷하다.

검 10번(죽음, 재생)

- 어떤 일이 고통스럽게 최후에 다다랐음을 의미한다.

4. 펜타클 카드

펜타클 에이스

- 만약 이 에이스 카드가 문제를 의미하는 카드와 함께 나온다면 돈 문제와 관련하여 실망하거나 퇴보할 수 있다.
- 대개 일 문제와 관련되거나 특정한 목적이나 이유를 위한 돈을 가리킨다.

펜타클 2번

- 흔히 자금 압박을 받거나 수지균형을 맞추기 위해 애쓰고 있을 때 또는 빚으로 빚을 갚아야 하는 상황에 있을 때, 심지어 두 가지 직업을 가지고 일할 때에도 나타난다.
- 종종 돈 문제와 관련된 변화를 나타내지만 이것은 언제나 쉽거나 명백하거나 간단하지가 않다.

펜타클 3번

- 사업시작이나 승진 등 돈을 버는 것과 관련된 협상이 진행된다.
- 항상 필요한 전문기술이나 지식을 갖추고 있는 제3자의 필요성이나 존재를 가리킨다.

펜타클 4번

- 자기의 자산을 잘 지키고 그간 벌거나 모은 것을 굳게 붙잡고 있으라는 경고의 의미.

- 어떤 곤경에 처해 있건 적당히 놓아버리고 마음을 편안히 하며 에너지나 현금이 잘 흐르도록 하는 것이 강력히 요구된다.

펜타클 5번(역경)

- 이 카드는 분명히 금전적인 측면에서의 궁핍을 나타낸다.
- 어떤 상황에 처해 있건 도움이 필요하다.
- 금전적이든 정서적이든 문제를 바로잡기 위해 어떤 조치가 필요하다.

펜타클 6번

- 이 카드는 빚을 갚는 카드다. 자선이라는 의미도 있다.
- 어느 쪽이건 채권과 채무를 청산하는 경우이다. 천칭은 항상 공정함과 균형의 상징이다.
- 도움을 베푸는 사람이 딱히 없다면 이 카드는 대출을 받거나 준비할 필요가 있음을 알려줄 수도 있다.

펜타클 7번(평가와 숙고)

- 이 카드가 나올 때는 어떤 갈림길을 나타내는 경우가 많다.
- 이미 실질적인 진전을 이루었기에 이 카드는 성취를 나타낼 때도 많지만 아직은 해야 할 일이 더 남아 있고 가야 할 길이 많이 남아 있다.
- 주된 메시지는 대개 계속하라는 것이며 장기간의 중지는 잘못일 수 있다는 것이다.

펜타클 8번(장인)

- 지금은 당신이 이미 연마한 기술을 완성시키거나 더 큰 수익을 가져올 새로운 기술을 연마해야 할 때이다.
- 일 할 기회나 새로운 프로젝트를 암시하며 이미 이루어 놓은 일에 대한 자부심도 말한다.

펜타클 9번

- 거의 항상 신체적으로 혼자 있는 것을 가리키지만 어떤 방식으로든 대비가 되어있다.

펜타클 10번

- 가족 안에서의 부유함과 관대함의 결과일 때가 많다.
- 가족으로부터 금전적인 도움이 있다는 것을 의미할 수 있다.
- 금전적 상황이 좋아질 것임을 의미한다.
- 만약 이것이 일을 통해서라면 새로운 일자리나 큰 사업 기회, 놀랄만한 승자의 가능성이 있다.

5. 궁정 카드

다른 사람을 나타낼 수도 있고 상황을 묘사할 수도 있으며 우리 자신의 성품의 측면들을 상징할 수도 있다.

[시종]

지팡이 시종

- 자신감이 있고 기략이 풍부한 사람.
- 전형적으로 불의 성격, 즉 활기차고 창의적이고 긍정적인 특성들을 지니고 있다.
- 나쁘게 배치되면 지나치게 충동적이고 불안정하거나 시작은 하지만 끝마치지 못하는 성향을 가진 사람을 나타낼 수 있다.
- 새로운 프로젝트 계획이나 휴가 계획을 가리킬 수 있다.
- 소식을 의미.

- 거의 항상 마음에 드는 사람이나 새로운 친구, 때로는 연인이다.
- 우리의 삶에서 스쳐 지나가는 사람, 우리에게 무엇인가를 가르치거나 좋은 시간을 주는 사람.
- 하지만 지팡이 시종은 불안정하고 새로운 경험을 추구하기 때문에 반드시 좋은 배우자는 아니다.
- 이 시종은 자유로운 정신의 소유자이며 정착할 준비가 되어있지 않기 때문이다.

펜타클 시종(균형)

- 사려 깊고 신중한 사람.
- 믿을 수 있고 솜씨가 있으며 물질세계와 화합하고 돈의 가치를 인식.
- 새로운 프로젝트나 사업의 시작.
- 직업을 바꿀 필요성을 나타냄.
- 돈을 버는 것과 관련된 모든 아이디어에 대한 좋은 징조.

검의 시종(활동적)

- 이해가 빠르고 민첩하고 활기찬 특성.
- 너무 조급하게 서두르며 일들을 처리하고 있음.
- 다소 믿음성이 없는 인물. 고의적이든 경솔해서든 남의 험담을 하거나 말썽을 일으키는 사람을 나타내는 경우가 많다.
- 이 사람은 동료들과 쉽게 친밀한 관계를 맺지 않으며 반감과 의심을 일으키는 경향이 있다.

컵의 시종(임신)

- 예민하고 낭만적이거나 예술적인 사람.
- 전형적인 물의 성격.
- 상상력과 감정이 풍부하고 감수성이 뛰어난 특성들을 지니고 있다.
- 물고기는 새로운 관계를 시작.

- 감정과 관계의 세상 속으로 돌아가는 법을 배우고 있는 사람의 재생을 상징.

[기사]

지팡이의 기사(이동)

- 정력적이고 모험을 즐기며 솔직하고 충동적인 사람.
- 고집이 세거나 불같은 성격.
- 끈기와 결의, 수단이 부족하여 시작한 일을 끝맺지 못할 수도 있다.
- 도전. 교육기회. 새로운 모험. 급작스럽게 일어나는 사건.
- 해외와 인연.

펜타클 기사

- 인내심이 강하고 확고부동하며 자신의 목적에 집중할 수 있는 사람.
- 이런 사람은 보통 자발적으로 일을 시작하거나 실행하는 사람이 아니며 행동하도록 밀어붙여야 할 수도 있다.
- 부정적인 면으로는 단조롭고 완고하며 지나치게 신중한 사람일 수도 있다.
- 일반적으로 한동안 진전되어 온 상황이, 비록 그동안 진척이 없었고 교착상태에 빠질 위험이 있었더라도 마침내 긍정적인 결과를 낳을 것이라는 점을 의미.
- 활동성 부족의 다른 카드와 같이 나온다면 올바른 방향으로 움직일 수 있도록 좀 더 단호하게 밀어붙일 필요가 있다.

검의 기사(강력한 활동과 이동의 카드)

- 이 사람은 유능하고 대담하지만 무모한 사람일 수도 있다.
- 가는 곳마다 소동.
- 카리스마 있으나 믿음성이 부족.
- 이런 사람을 너무 쉽게 신뢰하지 않도록 조심.
- 갑작스럽게 일어나거나 아주 뜻밖의 사건을 말해준다.

- 잘 대처할 사람이 없으면 상황이 나빠져서 혼란에 빠질 위험이 있다.

컵의 기사(평화의 카드)

- 애정이 깊고 성실하며 섬세한 사람이다.
- 청혼을 나타낸다.
- 나쁘게 배치 → 당신은 그를 원하지만 그는 당신이 진정으로 원하는 것을 줄 수 없다는 경고.
- 업무적인 제안 혹은 당신의 마음을 끄는 아이디어나 계획을 나타낼 수 있다.
- 어려움을 암시하는 카드와 나타난다면 세부적으로 점검할 필요가 있다.

[여왕]

지팡이의 여왕

- 유능하고, 기량이 풍부하고, 강하며, 위엄 있는 사람이다.
- 자신의 세계의 중심이다.
- 탁월한 조직력을 가진 타고난 지도자.
- 잘 다루어지고 있는 문제들을 말한다.
- 왜냐하면 누군가가 전체 상황을 잘 파악하고 있기 때문이다.

펜타클의 여왕

- 풍부함과 비옥함.
- 안정되고, 돌보고, 건설적이며, 감사하는 사람이다.
- 금전적으로나 정서적으로 안정된 상태.
- 앞으로 훨씬 더 많이 안정되고 상황들이 좋아질 것이라는 것을 나타낸다.

검의 여왕

- 거칠고 독립적인 성격. 공정하고 빈틈없고 논리적이며, 사무적인 인물.
- 과부, 이혼했거나 별거 중인 사람 또는 오랫동안 혼자 지냈고 다른 사람들

과 쉽게 친해지지 못하는 사람을 나타낼 수도 있다.

• 결과를 쉽게 얻기는 힘들 것이다.

컵의 여왕

• 낭만적인 기질과 풍부한 상상력. 큰 꿈을 갖고 있는 사람.
• 또한 현실성 없는 공상만을 꿈꾸는 사람을 나타낼 수 있다.
• 실현 가능성 적은 아이디어 → 반드시 현실성을 점검.
• 어떤 프로젝트나 관계는 결국 실현될 가능성이 없는 것으로 판명될 수 있다.

[왕]

지팡이의 왕

• 빈틈없고 정력적이고 유능하며 위엄이 있는 사람.
• 책임자가 능력과 통찰력을 갖고 있다는 것을 나타냄.
• 열의와 영감. 지성이 실무적인 경험 부족을 보충하는 경우를 나타낸다.

펜타클의 왕

• 비옥함과 풍부함의 상징이다.
• 믿을 수 있고 책임감 있고 도와주는 사람이다.
• 부모나 성공적인 사업가. 은행가. 자선을 베푸는 사람일 수도 있다.
• 모든 사업에 좋은 징조이며, 일들이 매우 생산적이고 유리하다는 것을 가리킨다.

검의 왕

• 공정하고 논리적이며 통제되고 엄격하며 때로는 가까이 하기 어려운 사람.
• 이성적인 접근이 필요하다고 말해 준다.

컵의 왕

- 꿈을 꾸지만 그다지 확신이 없고 상상력이 풍부하지만 반드시 집중되어 있지는 않은 사람이다.
- 특정한 상황이나 관계에 대해서건 자신의 진로나 인생의 목적에 대해서건 어찌할 바를 모르고 있다.
- 자신의 감정을 억압하고 남들의 심정에 공감하기 힘든 사람.
- 문제들을 적절히 판별하고 정리해야 한다.
- 세부적인 것들은 불분명하거나 혼란스러운 상태에 있다.
- 꿈과 계획의 실현 가능성이 희박.

│ 저자 양성모 교수 약력 │

성   명 : 양 성 모(1959년, 2월, 7일생)

전문분야 : 수상학, 관상학, 명리학, 성명학, 타로학, 육효학, 매화역수

이 메 일 : joongsan510@hanmail.net

연 락 처 : 010-3162-5018

학위 및 경력

　　　동양최초 대한민국1호 수상학박사

　　　국제뇌교육종합대학원 동양학박사(명리진로상담전공)

　　　현)경기대학교 행정사회복지대학원 동양문화학과 초빙교수

　　　현)글로벌사이버대학교 동양학과 수상학 명리학 초빙교수

　　　현)경기대학교평생교육원 관상학, 수상학, 명리학, 타로학 주임교수

　　　현)을지대학교평생교육원 사주명리교육과정 주임교수

　　　현)가천대학교글로벌미래교육원 사주명리학 담당교수

　　　현)동양문화교육협회 회장

　　　현)O·B·C·A 아카데미, 중산동양학연구소 원장

　　　전)국제뇌교육종합대학원 국학과 동양철학최고위과정 지도교수

연구활동

　　　[저 서] 손금과 적성, 셀프관상미용관리법, 현대명리학강론

　　　　　　격국용신완전정복, 사주실전통변론, 단기완성타로카드

　　　　　　이름과 성공, 명신작명대전, 육효학강론, 수상학강론

　　　　　　관상학강론, 매화역수강론

　　　[논 문] 수상학의 이론 고찰과 활용방안에 대한 연구

　　　　　　사주의 오행특성과 골질환의 관계분석

저자 전연수 교수 약력

성　　명 : 전 연 수(1963년, 5월, 6일생)

전문분야 : 미용학, 피부관리학, 관상학, 명리학, 타로학

이 메 일 : aledma2922@hanmail.net

연 락 처 : 010-8970-5437

학위 및 경력

　　　　　경희대학교 테크노경영대학원 경영학 석사졸업

　　　　　한국기술교육대학교 교직훈련과정 수료(직훈교사자격증 취득)

　　　　　현)을지대학교평생교육원 명리학, 관상학, 타로학 담당교수

　　　　　현)경기대학교평생교육원 셀프관상미용관리법 교수

　　　　　현)동양문화교육협회 부회장

　　　　　현)O.B.C.A 아카데미 피부관리학, 관상학, 명리학 교수

　　　　　현)휴먼디자인연구소 소장

　　　　　전)정화예술대학교평생교육원 관상미용관리법 교수

　　　　　전)서영대학교미래평생교육원 "미용관상법" 주임교수

연구활동

　　　　　[저 서] 셀프관상미용관리법, 관상미용학개론, 관상망진법,

　　　　　　　　　관상미용법 실무, 오행패션코디네이션

　　　　　[논 문] 피부관리기법을 활용한 관상미용관리방안에 대한 연구

단기완성 타로카드

초판발행   2019년 3월 2일

지은이   양성모·전연수
펴낸이   안종만·안상준

펴낸곳   (주) 박영사
               서울특별시 종로구 새문안로3길 36, 1601
               등록 1959. 3. 11. 제300-1959-1호(倫)
전 화   02)733-6771
f a x   02)736-4818
e-mail   pys@pybook.co.kr
homepage   www.pybook.co.kr
ISBN   979-11-303-0750-3   03180

정 가   15,000원